語文教學叢書

研閱以窮照
——閱讀教學的新意義

謝淑熙　著

林序

即將要修退休的的人，大概有幾種心態，一種人準備要遊歷世界各國，以弭補年輕時沒能盡情去玩的缺憾；第二種人打算繼續進修，攻讀研究所的博碩士學位，以方便調整薪級，過著更愜意的生活；第三種人對學術有很高的熱忱，只知道關心別人，有時忽略了自己。謝淑熙博士就是第三種人的典型。

民國九十一年，淑熙在國立中壢家商擔任圖書館長時，即考上國立臺灣師範大學國文系在職進修碩士班，師事林安梧教授，完成《孔子禮樂觀所蘊含教育思想研究》的碩士論文。民國九十七年考入臺北市立教育大學中國語文學系博士班，從學於林慶彰教授，民國一○一年以《黃以周的《禮書通故》研究》獲得文學博士學位。淑熙除這兩種學位論文外，由於她的勤奮好學，兼有一支快筆，她常常拿已寫好的文稿，要我修正，估計在國內外學術刊物發表之論文已有二十多篇。

在二十多篇論文中以閱讀教學和《禮》學思想的為最多，淑熙將這兩個研究領域的論文，輯成《研閱以窮照——閱讀教學的新意義》和《禮學思想的新探索》二書。《研閱以窮照——閱讀教學的新意義》收集淑熙近六年來有關閱讀教學之論文，全書分為第一單元「閱讀教學理論」，收論文四篇，其中〈「多元智能」運用於《中華文化基本教材》之教學——以《論語》教學為例〉，和〈《荀子·勸學篇》談終身學習的理念〉二篇最值得注意。第二單元「閱讀教學實例」，收論文五篇，其中以〈閱讀教學與人文素養——以《論語》為例〉、〈愉

快閱讀以培養學生終身學習的能力——從落實經典閱讀教學談起〉二篇最受啟發。第三單元「閱讀參訪活動」，收論文三篇，是淑熙參加第四屆至第六屆世界華語學校圖書館論壇的記錄。

　　第一單元、第二單元我所提到的各兩篇論文，它們的共通特色是從古書或古文中來看閱讀，舉例說明經典閱讀如何融入現代教學活動，這是一個將經典復活的一種嘗試，值得我們去注意。第三單元參加圖書館論壇之後的旅遊活動，由於淑熙本來就是個作家，所以以極為輕快的文筆來描述各地的人文風情，是相當簡潔扼要的散文作品，也可以從中獲得不少各地名勝古蹟的知識，可以說是一本極為簡便的旅遊導覽著作。

　　淑熙的這些論文，雖曾發表在國內的報刊中，並沒有正式出版，讀者並不知道他有那麼豐富的內容，今能順利的出版，值得慶賀。

林慶彰

誌於天母磺溪知魚軒

民國一〇六年二月一日

賴序

「博觀約取神思夐，涵泳靜修教化深」

—— 謝博士淑熙教授《研閱以窮照：閱讀教學的新意義》序

> 是以，陶鈞文思，貴在虛靜；疏瀹五藏，澡雪精神。積學以儲
> 寶，酌理以富才，研閱以窮照，馴致以懌辭。然後，使玄解之
> 宰，尋聲律而定墨；獨照之匠，窺意象而運斤。此蓋馭文之首
> 術，謀篇之大端。
>
> ——〔南朝梁〕劉勰（約465-520）《文心雕龍·神思》

　　謝博士淑熙教授本書以南朝梁劉勰（約465-520）《文心雕龍·神思》篇「研閱以窮照」為標題，探討「閱讀教學」的新意義，古為今用，可謂別出心裁，用心良苦。眾所周知，書寫作文需要神思、靈感，但最重要者則是奠基在平常閱讀學習的工夫深淺；因此，《文心雕龍·神思》篇論文的四大進路工夫：其一，「積學以儲寶」，寫作文章首先要平時累積學問，儲存知識寶庫。其二，「酌理以富才」，必須明辨事理，以豐富寫作的才識。其三，「研閱以窮照」，必須體驗生活，以增進觀察能力。其四，「馴致以懌辭」，最後才能順應感情的發展，以演繹美妙的文辭。如此，則「技進於道」（《莊子·養生主》），「然後，使玄解之宰，尋聲律而定墨；獨照之匠，窺意象而運斤」，「此蓋馭文之首術，謀篇之大端」。可知，一定要多讀書，積存閱讀

材料，再密切配合思想、情意、文辭，才可以達到「讀書破萬卷，下筆如有神」（杜甫（712-770）〈奉贈韋左丞丈二十二韻〉）的境界。

閱讀書籍——「博觀而約取，厚積而薄發」（蘇軾（1037-1101）〈稼說送張琥〉）；探索知識——「探賾索隱，鉤深致遠」（《周易·繫辭上傳》），已成為二十一世紀學習者應具備的準則。因此，閱讀教學首先應引導學生擷取書中的精華，充實自我的見聞，以開拓嶄新視野、建立不凡鑒識；進而，提升對閱讀主題的了解，以增進批判性思考的能力，開啟通往世界的知識之窗、國際的學問之門。

本書共分為三大單元。其一，閱讀教學理論，四篇論文——〈「多元智能」運用於《中華文化基本教材》之教學〉、〈學校圖書館與探究式教學〉、〈閱讀與觀課〉、〈從《荀子·勸學篇》談終身學習的理念〉，明體達用，理論與實務並進，教學與應用兼顧，始終條理，循序漸進，大有裨益於國文閱讀與經典教學。其二，閱讀教學實例，五篇論文——〈閱讀教學與人文素養：以《論語》為例〉、〈推動閱讀教育，以提升人文素養〉、〈閱讀教學與人文素養〉、〈推動創意教學培養學生良好的學習態度〉、〈愉快閱讀以培養學生終身學習的能力〉，討論生命教育、閱讀教學、人文素養、創意教學與終身學習等課題，靈活化用，古今錯綜，別開國文教學生面，令人耳目一新，饒有情致趣味。其三，閱讀參訪活動，三篇文章——〈無限江山萬里情：第四屆世界華語學校圖書館論壇紀行〉、〈第五屆世界華語學校圖書館論壇紀行〉、〈第六屆世界華語學校圖書館論壇紀行〉，文筆流暢，敘述生動，足以取資觀善。

本書中，大量引用中西教育名家理論、哲學鴻儒思想，極具說服力與啟發性。與教學、教育有關的專有名詞，如：終身學習（Learning through Life or Lifelong Learning）、知識管理（Knowledge Management）、全人教育（Holistic Education）、翻轉教學（Flip Teaching）、探究式教

學法（Inquiry Teaching or Inquiry Instructional Strategy）、批判性思考（Critical Thinking）、智力架構（Frames of Mind）……。名家高論、鴻儒哲思，如：胡適（1891-1962）〈致錢玄同〉：「文學有三個要件：第一要明白清楚，第二要有力能夠動人，第三要美。」（《胡適全集》第23冊《書信（1907-1928）》，頁315。）臺灣師大校長、教育家劉真（1913-2012）（民國六十五年（1976）五月在臺灣省國校教師研習會講演訓辭：

> 要端正教育界的風氣，達成良師興國的使命，就要樹立新的觀念，表現新的精神，抱「振衰起弊」的宏願，作「盡其在我」的努力，不憂不懼，立己立人。（原載1976年6月28-30日《中央日報‧副刊》）

臺灣 IC 教父張忠謀（1931-）也曾經說：

> 一輩子最難忘的，還是美國哈佛大學第一年的人文教育。不但開啟了西洋古典文學的堂奧，更體驗了什麼才是「活的學問」，也就是透過觀察、閱讀、學習、思考和嘗試這五部曲，不斷在現實中找線索，發掘問題、思索對策，進而完成任務。

的確，開啟良書雋卷，透過大量的閱讀，不但可以增長見聞，累積學識，更可以培養高雅的情操。而提倡「知識就是力量」（原文：Ipsa scientia potestas est. Meditationes Sacrae. De Haeresibus. 1597年1月18日名言）的英國哲學家培根（Francis Bacon, 1561-1626）在其《論說文集》（*The Essays*）〈論學問〉中，更說明勤展良書，詮釋開卷有益：

閱讀使人充實，談論使人機敏，寫作使人精確。（Reading maketh a full man,conference a ready man, and writing an exact man.）歷史，令人聰明；詩，令人機靈；數學，令人精巧；倫理，令人莊重；邏輯、修辭，令人能說善道。（讀史使人明智，讀詩使人靈秀，數學使人周密，物理學使人深刻，倫理學使人莊重，邏輯修辭之學使人善辯；凡有所學，皆成性格。）

再如，德國大哲學家康德（Immanuel Kant, 1724-1804）強調：「好教育即是世界上一切善的泉源。」德國哲學家黑格爾（Georg Wilhelm Friedrich Hegel, 1770-1831）說：「經典是永恆的，因為它會不斷激起讀者心靈中的理念典型。」英國生物學家達爾文（Charles Robert Darwin, 1809-1882）曾說：「最有價值的知識是關於方法的知識。」美國歷史學家亨利‧亞當斯（Henry Adams, 1838-1918）說：「只要懂得如何學習，就有足夠的知識。」美國哲學家、教育家杜威（John Dewey, 1859-1952）也說：「學由於行，得由於思。」世界管理大師彼得‧杜拉克（Peter Drucker, 1909-2005）曾經指出：「人類的歷史上，再也沒有比此時更重視知識的價值了。」美國教育家迦納（HowardGardner, 1943-）在一九八三年出版了《智力架構》（*Frames of Mind*），提出人類具有八項智能：

一、語文智能（Linguistic intelligence）

二、邏輯數學智能（Logical-mathematical intelligence）

三、視覺空間智能（Spatial intelligence）

四、肢體動覺智能（Bodily-kinesthetic intelligence）

五、音樂智能（Musical intelligence）

六、人際（社會）智能（Interpersonal intelligence）

七、內省（個人）智能（Intrapersonal intelligence）

八、自然觀察者智能（Naturalist intelligence）

此外，一九九六年「聯合國教科文組織」（United Nations Educational, Scientific and Cultural Organization, UNESCO）推動國際教育改革時，高懸終身學習（Lifelong Learning）的理想，在報告書（Delors, 1996）中，宣示終身學習的四大範圍與支柱：一、學會學習、學習知識（Learning to know）；二、學會做事、學習技能（Learning to do）；三、學會共同生活、學習與人相處（Learning to live together）；四、學會創發、學習發現完全的我（Learning to be）。再再都強調優良的教學，貴在能培養學生良好的讀書習慣，以及獨立思考的能力，可說是今後推動教育改革的圭臬。

謝博士淑熙教授本書參酌中西古今各種教育理論、教學方法，最終採取「探究式教學法」（Inquiry Instructional Strategy）融入經典閱讀教學，並縝密規劃四大單元：一、「文化經典」：《論語》、《孟子》、《老子》、《莊子》、《史記》、《世說新語》、《六祖壇經》、《神話的智慧》。二、「詩歌經典」：《詩經》、唐詩、宋詞、現代詩。三、「古典小說」：《三國演義》、《水滸傳》、《西遊記》、《三言》、《紅樓夢》、《聊齋誌異》、《儒林外史》、《鏡花緣》、《老殘遊記》。四、「現代小說」：《阿Q正傳》、《邊城》、《傾城之戀》、《圍城》、《亞細亞的孤兒》、《臺北人》、《兒子的大玩偶》、《嫁妝一牛車》、《玲瓏花》、《天龍八部》。以及設計生命教學五大主題：一、「生命的源起」：《詩經‧凱風》、《左傳‧鄭伯克段于鄢》、歸有光〈先妣事略〉、余光中〈我的四個假想敵〉。二、「心靈的探索」：《墨子‧兼愛》、陶淵明〈歸去來辭並序〉、蕭蕭〈仲尼回頭〉、羅門〈觀海〉。三、「生命的軌跡」：蔣捷〈虞美

人〉、韋莊〈菩薩蠻〉五首、徐國能〈第九味〉、廖鴻基〈丁挽〉。
四、「與世界相遇」：酈道元《水經注・江水》、鄭愁予〈如霧起時〉、
白居易〈賣炭翁〉、宋濂〈杜環小傳〉。五、「生命的省思」：蘇軾〈南
歌子・八月十八日觀潮，和蘇伯固二首〉、馬致遠〈秋思〉、元好問
〈摸魚兒〉、王鼎鈞〈興亡〉。又依據勞森（A.E. Lawson）將學習環
三階段重新定位為探究、術語引介、概念應用，發展出描述型學習
環、經驗誘導型學習環、假說演繹型學習環；透過以學生為中心的
「網路融入教學」活動設計，強調以學生為主體，給予充分發表、討
論與操作的機會，透過類似科學家從事研究的經驗，體會學習科學的
知識、態度與技能。

　　本書從經典的閱讀教學中，透過終身學習的方法，期望能達成培
育人文素養的四大教育目標：一、啟發創意思考教學；二、樹立終身
學習的典範；三、彰顯真美善的人格；四、落實人文關懷。尤其，依
據 Bernie Dodge 與 Tom March 兩位教授所提出「探究式教學法」教
學進行的六個主要要素：一、情境介紹（Introduction）；二、學習任
務（Task）；三、探索過程（Process）；四、網站資源（Resources）；
五、評量（Evaluation）；六、結論（Conclusion）。並結合知識管理的
6C：一、個人專業與知識累積（Create from individual）；二、將擷取
的資訊內容去蕪存菁（Clarify）；三、分類各種內容（Classify）；四、
建置溝通的環境（Communicate）；五、增進組織與個人間的了解
（Comprehend）；六、群組學習及知識共享（Createfrom Group）。透
過美國學校圖書館員學會（American Association of School Librarians,
AASL）於二〇〇七年提出「21世紀學習者應具備的準則」（Standards
for the 21st Century Learner），指出學校課程應培養學生六大能力：
一、批判思考的能力；二、獲取知識的能力；三、應用知識的能力；

四、創造知識的能力；五、分享知識的能力；六、參與社會發展的能力。

再者，AASL認為二十一世紀的學習者應達到的四大標準為：一、使用各種科技工具取得各類型資料，以建立批判思考與選取知識的能力；二、會使用資訊並得出結論，做出明智的決定，在新形勢中懂得利用知識來創造新知識；三、能分享知識、道德並且積極參與民主社會；四、找尋個人有興趣的資訊，參與社群討論，以追求個人及審美能力的成長。的確，資訊融入教學，是增強學生自主學習與發揮創意的原動力；以上兩項六大能力、四大標準，的確能提供教學現場教師、教育政策領導者，以及推動閱讀（悅讀）的圖書館員，正向思考如何型塑學生的有效學習。本書統整歸納教學理論與方法，並設定教學理想目標，不僅具體而微，深中肯綮，也能夠有效實行，創造出教學的優質成果與教育影響。

筆者與謝博士淑熙教授既有師生學緣，又有客家鄉親情誼，教學相長，相觀而善，志勉進德修業。今喜其論述有成，謹援引乾嘉通儒焦循（1763-1820）《雕菰集》卷十三〈與劉端臨教諭書〉：「蓋古學未興，道在存其學；古學大興，道在求其通。前之弊患乎不學，後之弊患乎不思。證之以實，而運之於虛，庶幾學經之道也。」以及江藩（1761-1831）：「讀書當融釋，講學貴縝密。不讀書，無入德之門；不講學，無自得之樂。」以斯文不泯自期，以得英才教之為樂。是為序。

　　學知不足教困窮，深造進修點染功；
　　探賾多方宗大道，通幾一理攝元中。

明經妙化包蒙賁，正典圓融顯比豐；

啟迪莘莘仁智溥，諄諄善導育才雄。

賴貴三

謹序於「屯仁學易咫進齋」

2017年1月21日（星期六）

丁酉佳歲金雞獻瑞除夕前一週

自序

在廿一世紀知識經濟蓬勃發展的時代中，知識已成為運籌帷幄決勝千里的關鍵。多元化的教育思潮，不斷衝擊著臺灣的未來，因此終身學習（learning throughlife）已成為前瞻未來的指標。美國學校圖書館員學會（American Association of School Librarians，簡稱 AASL）曾於二○○七年提出「21世紀學習者應具備的準則」（Standards for the 21st Century Learner），指出學校課程應培養學生批判思考、獲取知識、應用知識、創造知識、分享知識以及參與社會發展的能力。的確，閱讀書籍、探索知識，乃是激發自己潛能及創造思考的原動力。英國哲學家培根（Francis Bacon, 1561-1626）不但提出「知識就是力量」的名言，更說明勤展良書卷的益處是：「歷史，令人聰明；詩，令人機靈；數學，令人精巧；倫理，令人莊重；邏輯、修辭，令人能說善道。」足證閱讀書籍，可以擷取書中的精華，充實自我的見聞，在餘情迴盪中，使得源頭活水來，智慧花朵開。

《研閱以窮照──閱讀教學的新意義》一書，集結筆者近六年來有關閱讀教學之論文，每篇均為參加國外圖書館閱讀論壇所發表之論文與刊載於國內期刊之論文。全書內容涵蘊閱讀教學理論、閱讀教學實例、閱讀參訪活動等三部分，皆是筆者在大學執教過程中，發現「積學」、「酌理」、「研閱」、「懌辭」的工夫，應該從引導學生閱讀書籍，並學會如何利用圖書館網路資源，搜尋網路資訊、分析整理及小組的辯論修正中，提升對閱讀主題的了解，以增進批判性思考（critical thinking）的能力。南朝劉勰（465-520）在《文心雕龍・神

思篇》上說：「積學以儲寶，酌理以富才，研閱以窮照，馴致以懌辭。」說明閱讀書籍，可以擷取書中的精華，充實自我的見聞，體驗實際生活，增進觀察的能力，並運用文思，以表達自己的真知灼見，足證閱讀與寫作練習猶如一體的兩面。因此，筆者引用「研閱以窮照——閱讀教學的新意義」為拙著之書名，期許大家藉由閱讀，使心靈透澈明朗，以開啟一扇通往世界的窗。

本書共分為閱讀教學理論、閱讀教學實例、閱讀參訪活動等三個單元，旨在引領學生經由閱讀，以開拓學生的新視野，陶冶其閱讀品味，培養學生終身學習的能力。

第壹單元包含：〈「多元智能」運用於《中華文化基本教材》之教學——以《論語》教學為例〉、〈學校圖書館與探究式教學——以經典閱讀教學為例〉、〈閱讀與觀課〉、〈從《荀子·勸學篇》談終身學習的理念〉等四篇論文。

首先，第一篇論文，是閱讀教學理論的延伸，根據美國教育家豪爾·迦納博士（Dr. Howard Gardner）在一九八三年出版了「智力架構」（Frames of mind）一書，提出多元智慧論，認為人類具有語文智能、邏輯數學智能、空間智能、肢體－動覺智能、音樂智能、人際智能、內省智能、自然觀察者智慧等八項智能。依據八項智能標準，來敘述落實閱讀《論語》教學以培養學生的多元智能的教學目標。第二篇在探討探究式教學法融入經典閱讀教學，對學生學習成就之影響。教學目的是引導學生閱讀經典古籍，並學會如何利用圖書館網路資源，搜尋網路資訊、分析整理、及群組的學習及知識共享，提升學生對閱讀主題的了解，以增進批判性思考能力，並強調個人閱讀心得寫作與小組研究報告分享，以達到學生對該經典的閱讀有充分的認知能力，並樹立正確的人生觀及培養優美的情操。第三篇在論述「閱讀教學」與「觀課」是師生雙向互動的教學過程，包括：教材內容的多元

化、學生有效使用閱讀資源和分享想法，進行自主與獨立學習，以達到閱讀教學的目的。（蔡慧鈴，2006）只有結合各方面的資源與智慧，集思廣益，全力以赴，才能落實閱讀教學成效的提升。第四篇探討荀子以〈勸學〉為首篇，認為「學」為進修業的基石，而勸學的「學」，是主張知行並重，智德兼修，二者不可偏廢。荀子繼承儒家道德實踐的精神，認為經由學習的歷程，才能徹底明瞭學問的旨義，也就是孔子所說：由「知之」、「好之」進展到「樂之」的境界，才能融會貫通所學。

第二單元包含：〈閱讀教學與人文素養——以《論語》為例〉、〈推動閱讀教育，以提升人文素養〉、〈閱讀教學與人文素養〉、〈推動創意教學，以培養學生良好學習態度〉、〈愉快閱讀，以培養學生終身學習的能力——從落實經典閱讀教學談起〉等五篇論文。

首先，第一篇至第三篇論文，均是闡述在廿一世紀知識蓬勃發展的時代，全世界的先進國家，都將教育列為國家最優先的議題，而教育的改革沒有捷徑，只有方法，那就是「藉由閱讀的養成，培養公民終身學習的能力，作為知識經濟競爭的基礎。」。閱讀《論語》可以培育學生的人文素養，孔子的教育方針因材施教，可以掌握學生的動向；循循善誘，可以使教材、教法生動活潑化，以引發學生的學習興趣，創意思考教學的啟發，可以提升學生對問題的思辨能力。閱讀優美詩篇，可以培養高雅情操；閱讀傳記文學，可以塑造高尚人格；閱讀歷史讀物，可以擴展宏觀視野。第四篇至第五篇論文，是探討學習的行為是教育活動的重心，也是掌握日新月異的新知，運籌帷幄決勝千里的關鍵。而良好的學習態度，更是決定人生高度，邁向成功之路的不二法門。為因應時代的挑戰與衝擊，終身學習已成為前瞻未來，領航知識世紀的標竿，學校教育要迎向新世紀的國際競爭，就要落實終身學習的教育目標，全面推展學習型組織，透過經典閱讀教學，可

以引領學生開啟古典文學的堂奧，在古聖賢哲的智慧結晶與經典話語中，開拓學生的新視野，陶冶其閱讀品味，進而培養學生終身學習的能力。

第三單元包含：〈無限江山萬里情——第四屆世界華語學校圖書館論壇紀行〉、〈第五屆世界華語學校圖書館論壇紀行〉、〈第六屆世界華語學校圖書館論壇紀行〉等三篇論文。

首先，第一篇文章記述二〇一三年第四屆世界華語學校圖書館館長論壇，臺灣高中高職圖書館參訪團，由臺灣學校圖書館館員學會理事長陳宗鈺主任擔任總領隊，十六位成員，遠赴福建福州，參加一年一度的世界華語學校圖書館盛會。四位成員在大會上發表論文，完成宣揚臺灣高中職圖書館各校經營理念、推動閱讀的任務；分享海峽兩岸四地中小學圖書館推動閱讀的實務經驗。閱讀不僅是紙本圖書的閱讀，其涵蘊是廣泛的。我們此行以尋幽探勝的心情去探訪大自然的山水，飽覽了廈門的山水勝景、武夷山的湖光山色，讓我們油然而生無限江山萬里情的情懷，更深切感受張潮在《幽夢影》中說：「文章是案頭山水，山水是地上文章」的意涵。第二篇文章記述二〇一四年第五屆世界華語學校圖書館論壇，臺灣高中高職圖書館參訪團，由臺灣學校圖書館館員學會前理事長陳宗鈺主任擔任總領隊，引領來自臺灣圖書館工作夥伴十七位成員，遠赴香港，參加一年一度的世界華語學校圖書館盛會。六位成員在大會上發表論文，完成宣揚臺灣高中職圖書館各校經營理念、推動閱讀教育的任務；分享海峽兩岸四地中小學圖書館推動閱讀的實務經驗，使我們的心湖深處有「圖書味彌久，知識滿行囊」的充實感。

第三篇文章記述二〇一五年第六屆世界華語學校圖書館論壇，臺灣高中高職圖書館參訪團，由臺灣師範大學教務長陳昭珍教授擔任總領隊，引領來自臺灣二十八位圖書館工作夥伴，再加上師大圖資所學

員共四十七位，臺灣團聲勢浩大，遠赴澳門，參加一年一度的世界華語學校圖書館盛會。臺灣共有九位圖書館夥伴發表論文，每位圖書館夥伴，均在自己的工作崗位上，將各校經營圖書館的理念、班級讀書會的運作、推廣閱讀運動……等議題，寫成論文與大家分享，讓與會圖書館夥伴，可以聆聽到不同議題的內容，不但可以增長見聞，更可以與同好切磋，讓大家獲益良多。結束澳門論壇四天美好的時光。接著我們去遊覽詩情畫意的廣西南寧山水。我們造訪了中越邊防要地憑祥市的「友誼關」、留給大家無限想像空間的「花山崖壁畫」、時而群峰競秀，時而翠竹掩映的「明仕田園百里山水畫廊」、從山崖上跌宕而下，水花四濺，濤聲隆隆的「德天瀑布」、屬喀斯特地貌自然溶洞，是國家級景點的「龍宮仙境」等名山勝景，令人嘆為觀止，並深感不虛此行。

　　拙著能付梓成書，首先應該感恩的是在生命成長過程中，父母苦心之栽培與用心之呵護，使我能茁壯成長，並鼓勵我繼承衣鉢，以作育英才為樂；其次應該感謝的是外子的包容與分擔，使我在身兼母職、教職外，仍有餘力重拾書本，到博士班進修，開啟中國文學的堂奧，以充實自我的專業知能。拙著能夠如期完稿，應該感謝的人實在太多，包括提攜我的中華民國商業教育學會秘書長江文雄教授、師大陳滿銘教授、臺北市大陳光憲教授、中壢家商兩位校長——廖萬連校長、邱茂城校長、臺灣師範大學教務長陳昭珍教授、臺灣學校圖書館館員學會理事長陳宗鈺主任。使我在擔任圖書館主任及教授國文課程之餘，有機會到國外參與圖書館論壇並發表論文。孔子說：「人能弘道，非道弘人。」期許自己在經典閱讀教學上，要運用資訊融入教學的方法，讓優美的中國古典文學與現代文學相輔相成，引領學生勤啟良書卷，以激發「風簷展書讀，古道照顏色」的思古幽情。

　　拙著各篇論文之內容，受限於個人才疏學淺，仍有闕漏之處，筆

者不敏，定黽勉自我，再接再厲，假以時日，繼續拓展探討範圍，使未來相關之研究能更臻完善。拙著疏漏之處，敬祈 博學鴻儒，不吝指正賜教，謹致謝忱。

目次

壹　閱讀教學理論

「多元智能」運用於《中華文化基本教材》之教學
——以《論語》教學為例 …………………… 3

學校圖書館與探究式教學
——以經典閱讀教學為例 …………………… 17

參　閱讀參訪活動

無限江山萬里情

第五屆世界華語學校圖書館論壇紀行

第六屆世界華語學校圖書館論壇紀行

壹　閱讀教學理論

「多元智能」運用於《中華文化基本教材》之教學

——以《論語》教學為例*

一 前言

　　多元化的教育思潮，隨著時代的脈動，深深牽動著臺灣的未來。多元智能（multiple intelligence）的學習，海闊天空，讓全人類以創新的思維，開闊的視野，迎向知識經濟，與全球交流。世界管理大師⋯⋯世界管理大師彼得・杜拉克（Peter Drucker）曾經指出：「人類的歷史上，再也沒有比此時更重視知識的價值了。」的確，在科技文明日新月異的時代裡，要提升國民的素質，就要落實終身學習的教育目標，全面推展學習型組織，培養能夠終身學習的國民，並積極推動全民閱讀運動，以提升知識競爭力。面對多元文化社會的變遷，我們必須提供多樣化的教材，引領學生懂得明辨是非、思考問題，有能力活用知識來解決問題。

　　根據美國教育家豪爾・迦納博士（Dr. Howard Gardner）在一九八三年出版了《智力架構》（*Frames of mind*）一書，提出多元智能論，認為人類具有語文智能、邏輯─數學智能、空間智能、肢體─動覺智能、音樂智能、人際智能、內省智能、自然觀察者智能等八項智

---

* 本文刊載於2014年6月《國文天地》。

能（李平譯，1999；郭俊賢、陳淑惠譯，2000；鄭博真，2000）。多元智能的教學功能，可以促進中、小學教育的正常化、多樣化，我們樂見今後多元智能教育制度的開啟，在教學活動中注入新意，引導學生適應「瞬息萬變的社會」為學習的主軸，跨學科的整合，開啟學生全方位的能力；智能教育與文化陶冶相輔相成，提供學生適性發展的學習環境，進而培育學生朝德、智、體、群、美五育並進的理想目標邁進，成為具有高智商（IQ）及高情商（EQ）的現代國民，為臺灣的教育開創出新契機。

二　落實閱讀《論語》教學以培養學生的多元智能

　　兩千多年前，至聖先師孔子猶如掌舵的舟子，引領學生駕馭著六經園地的風帆，乘長風破萬里浪，悠遊在古聖先賢經典的源頭活水中，期許三千莘莘學子勤展良書卷，以智慧的言語、經典的話語，來陶冶心性及增長見聞，進而提升自己的德業修養。過盡千帆，有七十二位學子航向成功之目標，而成聖成賢。讓我們一同隨著時光的航道，漫溯《論語》的故鄉，汲取孔子教育的典範，傳承孔子樂道的精神，並且作為今日教育改革的針砭。茲依據 Gardner（1983、1999a）八項智慧標準，來敘述落實閱讀《論語》教學以培養學生的多元智能的教學目標，如下：

（一）語文智能（linguistic intelligence）

　　有效運用口頭語言和書面文字以表達自己想法和瞭解他人的能力。包括把語言的結構、發音、意思、修辭和實際使用加以結合，並運用自如的能力。語文智能是國文教學的首要目標，期盼經由《論語》文本字詞文義分析、義理闡述、延伸閱讀等教學方針，以提升學

生的語文智能，進而對儒家學說有更深入的理解。茲引《論語》教材篇章為例：

孔子在《論語‧衛靈公篇》中對學生所說的「忠恕」二字，稱得上是言近而旨遠的善言，也是守約而施博的善道；盡己之心，以誠待人接物，就是忠的表現；推己及人，設身處地為別人想一想，這就是恕的表現。可見「忠恕」是充滿生命智慧，生活體驗的話語，更是每個人進德修業、立身處世的基石。推廣「忠恕」之道的旨義，就是要人人培養「欣賞別人，看重自己」的態度。學會欣賞別人，能廣結益友，擴展你的人際關係，這也是一個人有愛心的表現；學會看重自己，有助於自我形象和責任感的提升，增進你的生活能量。曾子說：「為人謀而不忠乎？」（《論語‧學而篇》）孟子說：「萬物皆備於我，反身而誠，樂莫大焉。強恕而行，求仁莫近焉。」（《孟子‧盡心上》），說明了「忠」是提升人類責任感的試金石；「恕」是化解社會動亂的一帖良藥。的確，如果人人能夠「忠以律己」；體認自己應負的責任，「恕以待人」，考量社會國家的整體利益，以「自律自清」的良好習性，來淨化現代人貪婪的心靈，如此定可以化暴戾為祥和，使大千世界和樂圓融。

（二）邏輯—數學智能（logical-mathematical intelligence）

有效運用數字和推理的能力。包括能計算、分類、分等、概括、推論和假設檢定的能力，及對邏輯方式和關係、陳述和主張（若一則、因果）、功能及其他相關抽象概念的敏感性。透過《論語》中孔子與弟子經典的對話，與豐富的文化涵養和多元情境的刺激，以發展學生邏輯推理的智能。茲引《論語》教材篇章為例：

因材施教，可以掌握學生的動向；循循善誘，可以使教材、教法生動活潑化，以引發學生的學習興趣。創意思考能力的啟發，是學校

教育主要目標之一，早在二千多年前，我國至聖先師孔子在《論語》一書中便說：「學而不思則罔，思而不學則殆。」（《論語·為政篇》）宋儒程頤也說：「博學、審問、慎思、明辨、篤行，五者缺一不可。」（《中庸》）這是勉勵學生求學時務必學思並重，教育家杜威（John Dewey）也說：「學由於行，得由於思。」強調優良的教學貴在能培養學生良好的讀書習慣，以及獨立思考的能力。這與《文心雕龍·神思篇》）所說：「酌理以富才」的修養，有異曲同工之妙。的確，思考方法是可以學習的，思考能力可以經由教育而予以提高，因此創造思考教學是非常重要的。發問技巧與思考教學有密切的關係，因為發問之後，學生作答須運用心智去尋求答案，這也就是孔子所說的：「不憤不啟，不悱不發，舉一隅，不以三隅反，則不復也。」（《論語·述而篇》）「舉一反三」，實際就是一個邏輯推理問題；從已知的判斷推知新的判斷的思維形式，亦即從個別現象推知普遍原理的過程。因此每位教師要突破傳統注入式教學法的瓶頸，運用創造思考教學法，來提升學生對問題的思辨能力。

（三）視覺空間智能（spatial intelligence）

能以三度空間來思考，準確的感覺視覺空間，並把內在的空間世界表現出來。這種求知的方式是透過對外在的觀察（運用肉眼）與對內在的觀察（運用心眼）來達成。透過《論語》中孔子以啟發式的教育方法來教導學生的主張，可以引導學生深入探討學問的真諦。茲引《論語》教材篇章為例：

子夏問曰：「『巧笑倩兮，美目盼兮，素以為絢兮，』何謂也？」子曰：「繪事後素。」曰：「禮後乎？」曰：「禮後乎？」子曰：「起予者商也，始可與言《詩》已矣。」（《論語·八佾篇》）本則所舉的事例：是說子夏從孔子「繪事後素」的答問中得到啟示，認為一個人具

有了忠信（仁心）的美德，再加上禮節的文飾，猶如畫畫，先以素色勾勒，再增加五彩的顏色，可以增加色澤的鮮明一樣，如此就更能彰顯忠信的品德，使品德更臻完美。「禮後乎？」是子夏由論《詩》而引申及於禮，並且加以闡發的聯想，認為禮樂產生在有了仁的思想以後，仁與禮的關係，是相輔相成。孔子十分讚賞子夏這種由一以知二的學習態度、由此推及彼的聯想法，所以孔子很高興地說：「啟予者商也，始可與言《詩》已矣。」意即，從此可以和子夏討論《詩》的內容和寓意了。[1]師生之間融洽無間的情誼，而又能如此相互切磋琢磨，他們彼此教學相長的真情實態，令人欣羨不已。

（四）肢體—動覺智能（bodily-kinesthetic intelligence）

善於運用肢體來表達想法和感覺，運用身體的部分生產或改造事物。喜愛具體的學習經驗，包括特殊的身體技巧，如彈性、速度、平衡、協調、敏捷，及自身感受的、觸覺的和由觸覺引起的能力。透過《論語》文本孔子與弟子的對話，可以增進學生動覺智能的表達能力。茲引《論語》教材篇章為例：

孔子在休閒時，喜歡與弟子們閒話家常，傾聽弟子抒發個人的抱負，有一天子路、子貢，公西華侃侃而談自己的志向，當時正在一旁彈琴的曾點，也表明心志，描述出「浴乎沂，風乎舞雩，詠而歸」（《論語‧先進篇》）的情景，暮春三月，春暖花開，五、六個成人與六七個童子結伴出遊，到沂水邊洗澡，到舞雩下乘涼，沐浴著溫暖的陽光，欣賞大自然的美景，然後大家一起唱著歌回家，這是一幅多麼吸引人的春遊畫面，顯現出安寧平和的世界，與孔子主張「仁」的道德情境相符合，因此孔子由衷的讚許曾點「澹泊以明志，寧靜以致遠」的人生境界。

1　參見王邦雄、曾昭旭、楊祖漢：〈氣質的成全〉，《論語義理疏解》，頁196。

（五）音樂智能（musical intelligence）

能覺察、辨別、改變和表達音樂的能力。包括對音調、節奏、旋律或音質的敏感性，及歌唱、演奏、作曲、音樂創作等能力。透過《論語》文本，可以瞭解孔子重視音樂教化，並且認為禮樂教化，能促進人際關係的和諧圓滿，是人格修養的憑藉，更是君王感化人心，化民成俗，樹立德範的基石。茲引《論語》教材篇章為例：

孔子很注重音樂內容之美善，根據（《論語・八佾篇》）的記載，孔子認為上古時虞舜時所制定的〈韶〉樂，音調極為優美，內容又能感動人心，稱得上是「盡美盡善」，周武王時所制定的〈武〉樂，音調旋律亦佳，但在意境上歌頌武王武功，充滿肅殺之氣，「盡美」不「盡善」。所以孔子「在齊聞韶，三月不知肉味」（《論語・述而篇》）一方面說明孔子有極高雅的審美情趣，另一方面，他又將審美追求擴展到倫理道德與政治理想上。黑格爾（G. W. F. Hegel）說：「樂的內容不只包括精神洋溢的情感，而且更包含內容的精華或寓有較高教義的內容。」[2]從舜的德行事功來肯定《韶》樂的盡善盡美，可見孔子重視音樂的政治教化功能。

《孝經・廣要道章》上說：「為政之善，莫善於禮樂。安上治民，莫善於禮；移風易俗，莫善於樂。」正說明禮樂教化與國家的興衰治亂休戚相關。在資訊科技發達的二十一世紀裡，應該如何加強人文教育，以落實禮樂教化的功效，的確是刻不容緩的教育問題。

（六）人際智能（interpersonal intelligence）

覺察並區分他人情緒、動機、意向及感覺的能力，即察言觀色、

2　見朱光潛譯：《G. W. F. Hegel Ästhetik（AufbauVerlag, Berlin, 1955》，1955（北京市：商務印書館，1978年）第三卷上冊，頁352。

善解人意。包括對表情、聲音和動作的敏感性，辨別不同人際關係的暗示，對暗示做出適當反應，以及與人有效交往的能力。儒家的經典，猶如「生生不已，源泉滾滾，沛然莫之能禦」的活水，涵泳其中[3]，不但可以契入知識的融通，更可以培養美善的人格。人生活在社會裏，就得學習社會生活的規範，君子立身行事，待人治世，亦要有準則。茲引《論語》教材篇章為例：

在個人品德之修養方面，孔子稱述最多的是「仁」，顏淵問仁，孔子回答說：「克己復禮為仁。」（《論語·顏淵篇》）孔子告訴子貢說：「夫仁者，己欲立而立人，己欲達而達人。」（《論語·雍也篇》）可見「仁」是孔子的中心思想，涵蘊了立身處世的各種美德。而所謂的「克己」、「己立」是指自我品德的完成，正是「忠」的表現；「復禮」、「立人」乃是社會群體和諧的表現，也是「恕」道的發揚。可見仁是一個人圓滿人格的表現，而人格必須在人群之中才能彰顯出來。一個能愛人的人，一定能夠在群體中樹立良好的人際關係。所以孔子說：「志於道，據於德，依於仁，游於藝。」《論語·述而篇》這一句話可以作為孔子倫理教育的總綱目，目的是要教導學生立志行道，追求真理，通過禮樂的教化來涵養心靈及內在自覺，經由仁德的修養，以奠定生命的方向，開啟人生康莊大道。[4]由此可知經由經典的啟發，可以契入知識的融通，在佈乎四體，行乎動靜後，可以培養美善的人格特質。

（七）內省智能（intrapersonal intelligence）

正確自我覺察的能力，即自知之明，並依此做出適當的行為，計

3　見林安梧：〈當前中小學教育目標的哲學思考〉，《教育哲學講論》（臺北市：讀冊文化事業公司，2000年），頁61。

4　見林安梧：〈當前中小學教育目標的哲學思考〉，《教育哲學講論》，頁61。

畫和引導自己的人生。包括瞭解自己的優缺點，認識自己的情緒、動機、興趣和願望，以及自尊、自省、自律、自主、達成自我實現的能力。透過《論語》的教材，可以見到孔子指導學生德行修養上要做到「見賢思齊，見不賢而內自省」（《論語・里仁篇篇》）以修養高尚的品德。茲引《論語》教材篇章為例：

孔子說：「視其所以，觀其所由，察其所安，人焉廋哉。」（《論語・為政篇》），仔細觀察一個人的行為、動機及事後的反應等，由淺入深，那麼這個人的人格、心理活動等也就無從隱匿了。這方法不僅可用以觀察人、知人、識人；亦可藉以進行自省，經過自我透視，也就不至於自欺或者欺人了。[5]青少年正處於青春期，往往從父母、師長及同學的肯定中，找出自己的定位，所以他們渴望被瞭解、受重視，卻不願受到過多的保護與束縛，因此在情緒上常有失控的現象。益之以辨別是非能力薄弱，血氣方剛，行為莽撞，比較容易發生暴力或自戕的行為。因此教師教導學生的重要目標，就是使「人盡其材」，鼓勵學生發揮自己的特長，幫助學生瞭解自己，建立自信心，並且培養「欣賞別人，看重自己」的襟懷。生命教育的第一步就是要教導學生先認清自己，瞭解自己本身的優缺點之後，再肯定自己，發揮自己的特長，好好珍惜自己的生命，無忝爾所生，以開創人生的光明面。因此鼓勵學生發展自我的潛能，不妄自菲薄，是為人師表者，應該具備的教育信念。

（八）自然觀察者智能（naturalist's intelligence）

對生物的分辨觀察能力，如動物、植物的演化；對自然景物敏銳的注意力。這種求知的方式是透過和大自然的接觸，包括欣賞和認識

5　姚式川著：〈第四章時評、人評〉，《論語體認》（臺北市：東大圖書公司），頁398-399。

動植物、辨認物種的成員等。透過《論語》的教材，可以見到孔子指導學生觀察自然的能力。茲引《論語》教材篇章為例：

孔子勉勵弟子研讀《詩經》，並且說：「詩可以興，可以觀，可以群，可以怨；邇之事父，遠之事君；多識於草木鳥獸之名」」（《論語‧陽貨篇》）孔子重視詩教，論述學詩可以感發人的心志，可以考察政教的得失，可以學習到孝順父母、盡忠國君的道理。並且能夠認識許多草木鳥獸之名，指出《詩經》的實用功能。例如：「唐棣之華，偏其反而；豈不爾思，室是遠而。」（《論語‧子罕篇》）句中「唐棣」：植物之名，郁李，屬薔薇科，落葉灌木。說明「唐棣所開的花呀！翩然翻動，搖曳生姿」，閱讀此篇，可以瞭解孔子借詩譬喻的旨趣，也順便認識了草木之名，可以讓人增長了博物的學問。

三 「多元智能」在《論語》教學上之運用

本研究是透過「閱讀與寫作」（Reading and Writing）課程教學來進行，選課學生為臺北市立大學的大二學生，課程的教學目的是引導學生閱讀經典古籍，並且吸取書中的精華加以融會貫通，如此才能培養批判性思考（critical thinking）的能力，進而表達在寫作及應對進退上。而教學的進行係強調個人閱讀心得寫作與小組研究報告分享，以達到學生能夠充分理解該經典，並能進行見解的溝通和交流，進而能提升寫作的能力。

表一　《論語》課程教學目標與多元智能對照表

編號	多元智能	教學目標
1	語文智能	寫作技巧與修辭分析
2	邏輯─數學智能	利用專題報告，訓練學生蒐整資料、口語表達的能力
3	空間智能	利用「人物專訪」，幫助學生熟悉報導文學、採訪、編輯的技巧
4	肢體─動覺智能	利用簡報製作，訓練學生動手做、善用電腦的能力
5	音樂智能	利用音樂欣賞，讓學生體驗廣博善良的情境
6	人際智能	利用團體表演，培養學生與人相處的人際智能
7	內省智能	利用分組討論，培養學生的思辨能力
8	自然觀察者智能	引領學生進入《論語》的領域，啟發其閱讀興味

表二　多元智能運用於《論語》教學進度與教學目標

課次	主題	教學內容
1	孔子的為人風範	孔子的人格力量，不僅在他以布衣的身分成為大思想家、大學問家、大教育家，而且在於他的高尚品德和直率平易的性格，以及有過必改的真誠態度
2	孔子的治學精神	在為學的態度上，展現出不斷地學習與力求上進的態度，可說是「終身學習」的最佳寫照
3	孔子之教學精神	「有教無類」、「因材施教」的教育理想，彰顯孔子對理想的執著。孔門之學，最講求的是做人的道理，以德行為本、知識為次

課次	主題	教學內容
4	《論語》內容	《論語》全書二十篇，四百八十二章，一五九一九字，卻是一部充滿聖賢心聲格言的書，是孔子和弟子通過對話的方式，而作的一場交談性的經典話語
5	《論語》價值探討	從《論語》中，可以見到孔子與弟子們的嘉言與懿行，禮儀或行為規範的學習，是孔子指導學生德行修養的重要一環

表三 學生分組研究報告

分組	主題	內容
第一組	孔子的思想：禮、仁	君子博學於文，約之以禮，亦可以弗畔矣夫！ 君子去仁，惡乎成名。君子無終食之間違仁，造次必於是，顛沛必於是。
第二組	淺談中國經典代表——《論語》	孔門四科十哲
第三組	與《論語》有關 成語的應用	巧言令色、見賢思齊、仁者樂山、欲罷不能、誨人不倦、富而可求、不恥下問、中道而廢……
第四組	論孔門弟子顏淵的生平事蹟	1. 不遷怒；2. 不貳過； 3. 敏而好學；4. 聞一知十
第五組	孔子電影與史實的差異	選用的電影片段與史實 1. 齊魯會盟 2. 子見南子 3. 子路問津 4. 顏回之死 5. 子路之死

分組	主題	內容
第六組	從《論語》看我們對於迷信的態度	東漢以來的佛老與儒學 周代的人性觀 孔子如何看待天命 孔子如何看待祭祀 儒者的闢佛運動 寬容並存的理性精神

個人閱讀心得寫作範例

請從《論語》中，選讀讓你終身受用的一個字或一句話的心得？（文長150-200字為原則）

1 《論語》中，「恕」這個字讓我覺得終身受用。

雖然它只是一個簡單的中文造字，但它背後所代表的卻是人一生中待人處世的根本道理。在書中寫到：「己所不欲，勿施於人」就是一「恕」的表現。在與他人相處時，如果是自己不喜歡的事、物，當然不能強推給別人，自己都無法接受了更何況是他人？當心中有了這種想法時，自然就不會與他人發生不愉快的事情，身旁就會充滿了朋友。但如果心中沒了這個想法，而把自己都無法認同的事推給別人，這就是一種自私的表現，而且時間久了，身邊的朋友就會慢慢離你而去，最終只剩下無盡的孤獨。

除了這個「恕」字，還有一種更積極的意涵──推己及人以及寬恕。當自己有了能力和好的想法、行為，就要往外擴展，讓別人也能擁有、彼此分享，讓整個社會更加美好。還有當與人相互起爭吵時，彼此退讓一步、原諒別人，事情就可以迎刃而解。所以我認為一個人心中永遠藏存著「恕」這個字，就能開創美好的人生。

（市立臺北大學‧地球環境與生物資源學系一年級‧張珈瑜）

2 士不可不弘毅（《論語·泰伯》）

> 　　《論語》、《孟子》兩本經典是不可不研讀的，雖然經過千年歲月洗滌，但仍是現今做人、求學……等許多思想的核心來源。其中我受用良多的一句話——士不可不弘毅。身為一位求學者，必須要有寬廣的心胸，要能容人，甚至容物，目光不能侷限於當前，要懂得把目標放遠、放寬、放高，才能學習更多並且瞭解更深奧的道理；毅，也是讀書人必要具備的條件，沒有堅忍不拔的毅力，怎麼能在書本上得到任何的啟示？怎麼能在學海中找到一點領悟？怎麼能在未來成就一番事業？蘇軾也曾說：「古今成大事者，不惟在超世之才，亦必有堅忍不拔之志」，也就是說，我們必須持續的努力才能有所成就。「士不可不弘毅，任重而道遠」，學習是在為將來人生造路，若不能有廣大的心胸和毅力，肯定是無法承擔任何重大的責任。
>
> 　　　　　　　　　　（市立臺北大學·資訊科學系一年級·羅偉芯）

　　從《論語》中，可以見到孔子與弟子們的嘉言與懿行，禮儀或行為規範的學習；在待人接物上，所顯現的謙恭與從容的禮儀，讓我們能夠見賢思齊，修養高尚的品德，以陶冶身心改變氣質。孔門之學，最講求的是做人的道理，以德行為本、知識為次。在為學的態度上，孔子展現出不斷地學習與力求上進的態度，是激勵學生「終身學習」的最佳典範。

四　結論

　　德國大哲學家康德強調：「好教育即是世界上一切善的泉源。」的確，在因應未來更具開放性與多元化的社會發展趨勢，要想使青年學子瞭解中華文化，而不致數典忘祖，就必須培養學生閱讀經典古籍的興趣。我們應該加強國文教學，尤其是儒家倫理思想的教育。引領

學生開啟中國文學的堂奧，給予他們倫理道德的涵養，進入傳統優良文化的領域，以樹立正確的人生觀及優美的情操，進而提升學生的人文素養。

　　法國思想家蒙田指出：「教育最重要的是能給下一代美德、勇氣與智慧，而智慧的最顯著標誌，便是永遠快樂。」在科技文明發達，而人文素養日益衰微的今日，研讀《論語》是淨化人心和與聖賢對談的一帖良藥。因此每位為人師表者，就應該體察時代的需要，掌握世界的脈動，作前瞻性的規劃，並且以教育家劉真的名言：「樹立師道的尊嚴，發揚孔子樂道的精神」自勉，營造溫馨的終身學習環境，以培育具有多元智能、宏觀視野、蓄積深厚、知書達禮之 e 時代好青年。

參考文獻

郭俊賢、陳淑慧譯　《多元智慧的教與學》　臺北市　遠流出版公司
　　　1999年
林美玲　《多元智能理論與課程統整》　高雄市　復文圖書公司
　　　2001年
張滄敏　〈多元智慧學習角〉　《學生輔導》　77期　2001年
　　　頁56-63

學校圖書館與探究式教學[*]

——以經典閱讀教學為例

摘要

　　探究式教學是整合學習策略與應用網路資源，規劃出探究導向的教學活動。本研究的目的旨在探討探究式教學法融入經典閱讀教學，對學生學習成就之影響。教學目的是引導學生閱讀經典古籍，並學會如何利用圖書館網路資源，搜尋網路資訊、分析整理、及群組的學習及知識共享，提升學生對閱讀主題的瞭解，以增進批判性思考能力，並強調個人閱讀心得寫作與小組研究報告分享，以達到學生對該經典的閱讀有充分的認知能力，並樹立正確的人生觀及培養優美的情操。

關鍵詞： 學校圖書館　探究式教學法　網路資訊　經典閱讀教學　孔子

---

[*] 本文發表於2015年7月19日第六屆世界華語學校圖書館論壇（澳門大學）。

一　前言

在知識經濟蓬勃發展的時代中，知識已成為運籌帷幄、決勝千里的關鍵。多元化的教育思潮，不斷衝擊著臺灣的未來，因此終身學習已成為前瞻未來的指標。世界管理大師彼得‧杜拉克（Peter Drucker）曾經指出：「人類的歷史上，再也沒有比此時更重視知識的價值了。」的確，在科技文明日新月異的時代裡，要提升國民的素質，就要落實終身學習的教育目標，全面推展學習型組織，培養能夠終身學習的國民，並積極推動全民閱讀運動，以提升知識競爭力。面對多元文化社會的變遷，我們必須提供多樣化的教材，引領學生懂得明辨是非、思考問題，有能力活用知識來解決問題。

美國學校圖書館員學會（American Association of School Librarians，簡稱 AASL）曾於二○○七年提出「二十一世紀學習者應具備的準則」（Standards for the 21st Century Learner），指出學校課程應培養學生批判思考、獲取知識、應用知識、創造知識、分享知識以及參與社會發展的能力。提供教育領導者及圖書館員思考如何形塑學生的學習，AASL 認為二十一世紀的學習者應達到的四大標準為：一、使用各種科技工具取得各類型資料，以建立批判思考與選取知識的能力；二、會使用資訊並得出結論，做出明智的決定，在新形勢中懂得利用知識來創造新知識；三、能分享知識、道德並且積極參與民主社會；四、找尋個人有興趣的資訊，參與社群討論，以追求個人及審美能力的成長。的確，探究式教學是增強學生自主學習與發揮創意思考的原動力。

二　學校圖書館與探究式教學

面對知識經濟時代的來臨，社會的結構瞬息萬變，傳統的學校教

育已無法因應時代的需求，網際網路（Internet）的推出，實現遠距教學的夢想，開啟了學習的另一個視窗，成為人類互通訊息最便捷的工具；在滑鼠指點之間，浩瀚的知識盡入眼簾，更拓展了人類的知識領域與生活的視野。而學校圖書館，通常負責資料庫建置的工作，包括訊息處理、文件管理、蒐尋引擎、入口網站、資料儲存、群組軟體、工作流程、web 網路（取材自 Erik Jul 之講義）等。在跨世紀的教育改革過程中，我們預期教學的方法及學生學習的方式，將會隨網際網路的日新月益而改變。例如：利用網路傳遞訊息，利用虛擬實境（VR）讓學生作身歷其境的感受⋯⋯凡此種種都會使得現行的教育系統產生極大的變化。如何結合學校圖書館的網路資源，來推動探究式教學策略，乃是擴大學生學習領域、增進自主學習能力、啟發閱讀興趣的基石。

探究式學習是一九九五年聖地牙哥州立大學的 Bernie Dodge 和 Tom March 教授所提出的一項新興教學技術，其核心概念即：整合學習策略與應用網路資源，規劃出探究導向（inquiry-oriented activity）的教學活動。教師可由教學目標出發，有目的地規劃一系列的問題與任務，並透過事先整理好的相關資源網站，幫助學生在資料搜尋、整合、分析、評鑑等解決問題的過程中學習成長。探究式學習可避免學習者在多元的全球資訊網中，盲目瀏覽和接觸不適宜資源，同時又能激發學習者的主動性、探究精神和創意思考的能力。探究式教學（WebQuest），又稱為研究性學習、專題研習或疑難為本學習，是一種以學生為主的學習模式。在教師的輔助下，由學生策劃、執行及自我評估的學習方法（梁淑貞、陳秀騰，2001）。它是一種跨學科的學習技巧，學生透過研習一個特定的專題的同時，運用現有的知識和技巧來重新綜合，並透過進行一些特定的活動，使學生能自主地建構知識，繼而學會這個新的題目，而達到學習的目的，並培養學生的自主

學習精神，簡單來說就是一種以學生自主探究為主的學習方式。

三　探究式教學法在經典閱讀教學上的運用

　　經典（classics, great books）閱讀教學，是目前臺灣各大學通識教育中心所推動的大一國文必修課程。而探究式教學法有別於傳統的講述教學法，由以老師為主體，轉移成以學生為學習的主體，學生經由探究活動的過程，擁有充分的發表、討論、操作的機會，並逐步建構屬於自己思維的概念體系。當越多的活動被學生探究，學生的學習態度會更積極，且越有信心。本研究的目的旨在探討探究式教學法融入經典閱讀教學，對學生學習成就之影響為何？

（一）探究式教學法的模式與步驟

　　本研究是透過「大一國文」（Chinese Literature）課程教學來進行，其選課學生為國立臺灣海洋大學的大一學生，課程的教學目的是引導學生透過深入的閱讀與分析，培養批判性思考的能力，能從學習中培養學生的人文素養及提升學生寫作能力。關於探究式教學法，發展至今已有多種模式，一九六七年加州柏克萊大學物理教授 Karplus 提出，當時他提出的發現式教學模式為探索、發明、發現三階段；一九八八年勞森（A. E. Lawson）等人納入建構論，修正為探索、名詞引介、概念應用等三階段。茲依據探究式教學法的三階段，分述經典閱讀教學的設計原則與課程內容的規劃，表列如下：

表一　探究式教學在經典閱讀教學上的設計

單元名稱	蕭蕭（蕭水順）：《仲尼回頭》
	走過曲阜斜坡，仲尼曾經三次回頭，一次為顏淵、子路、曾參、宰我，一次為孔鯉、孔伋，另一次為門口那棵蒼勁的古柏。
	走過魯國開闊的平疇，仲尼只回了兩次頭，一次為遍地青柯不再翠綠，遍地麥穗不再黃熟，一次為東逝的流水從來不知回頭而回頭，回頭止住那一顆忍不住的淚沿頰邊而流。
	走過人生仄徑時，仲尼曾經最後一次回頭，看天邊那個仁字還有哪個人在左邊撐天上的那一橫地上的那一橫，留個寬廣任人行走。
	資料來源：《生命‧海洋‧相遇──詩文精選》
教學過程	第一階段：探索階段 探究孔子「回頭」的原因，說明孔子內心的牽掛與眷戀。 第二階段：概念引介 點出孔子一貫之道「忠恕」的精神。 第三階段：概念應用 1.孔門四科十哲 2.孔子的學說思想 3.孔子的人格風範 4.孔子的教育思想 5.孔子的淑世精神

（二）探究式教學法教學原則

　　探究式教學是一套以學生為中心之「網路融入教學」活動設計。它主要的目的是老師提供一些與教學主題相關的活動任務，學生必須用網路資源進行探究式學習活動、分析整理、及小組的辯論修正中，提升對主題的瞭解及思考能力，以完成任務。茲依據 Bernie Dodge 與

Tom March 兩位教授所提出探究式教學法教學進行的六個主要要素：情境介紹（Introduction）、學習任務（Task）、探索過程（Process）、網站資源（Resources）、評量（Evaluation）、結論（Conclusion），分述各階段教學活動內容，表列如下：

表二　探究式教學法各階段教學活動內容

	教師	學生
情境介紹	【引起興趣】 選用與孔子有關的電影片段與史實： 齊魯會盟 子路問津 顏回之死 子路之死 https://www.youtube.com/results?search_query	【對所教的課題感興趣】 學生從欣賞介紹孔子的電影片段與史實中，以激發學習的動機與興趣。
學習任務	【提出探討問題，引導學生探究】 1.《論語》一書的簡介 2.與智者的心靈對話 3.認識孔子的人格風範 4.孔子人文教育思想之特質 5.論孔門弟子的思想學說與道德修養	【在教材範圍內自由思考】 這是一首風趣且引人深思的散文詩，詩中以孔子對周遭人物的深情回顧，表現出師生之情、父子之情及家門口的古柏之愛。
探索過程	【提供正式定義與解釋】 1.第一節：仲尼走過曲阜曾回頭三次，先為顏淵、子路、曾參、宰我，其次才為孔鯉、孔伋，表示孔子對學生教育的重視，勝過私情。 2.第二節：孔子對魯國的深情回顧。 　「青柯不再翠綠」、「麥穗不再黃熟」，是借《詩經、黍離篇》的典故隱喻孔子對魯	【聆聽並設法瞭解老師的解釋】 1.分組活動。 2.蒐集資料 3.簡報分享成果

	國百姓生活的憂思。 3. 第三節：孔子對天下蒼生的深情回顧。 　　孔子終生以愛人為職志，期盼能化成天下 　　使「老者安之，朋友信之，少者懷之」。	
網站 資源	臺北市孔廟儒學文化網 http://www.ct.taipei.gov.tw 台灣大學教育學程網站 http://www.education.ntu.edu.tw 國立臺灣師範大學國文系 http://140.122.82.194/ 元智大學網路展書讀： http://cls.admin.yzu.edu.tw/300/ 傳統中國文學 http://www.literature.idv.tw	
評量	【注意學生的瞭解是否有所成長】 1. 分組活動報告。 2. 個人心得寫作	【顯現出對概念的理解】 1. 創作作品分享。

表三　學生分組報告（探索任務）

分組	主題	內容
第一組	孔子的人格特質	1. 美善人格的彰顯 2. 人文關懷的落實 3. 淡泊名利的襟懷
第二組	孔子的弟子	1. 孔廟配祀 2. 孔門四科十哲 3. 孔子弟子的道德修養
第三組	孔子的教育思想	1. 有教無類、因材施教 2. 孔子四教：「文、行、忠、信」 3. 以詩禮樂教人

分組	主題	內容
第四組	孔子的淑世精神	1.落實禮樂教化 2.塑造仁民愛物的風氣 3.彰顯仁義道德的教化
第五組	儒家思想是否能影響廿一世紀的社會人心	1.忠恕之道：人類永續發展的基石 2.中庸準則：構建和諧社會的動力 3.仁與禮：社會倫理道德的規範

表四　「探究式教學法融入經典教學」回饋調查表分析

1.您喜歡閱讀中國古籍經典嗎？	很喜歡 3.77%	喜歡 45.28%	不喜歡 20.75%	極不喜歡 1.88%	無意見 28.3%
2.您認為古籍經典可以表現中國傳統文化的精髓嗎？	非常可以 56.89%	尚可以 37.93%	不可以	極不可以	無意見 5.17%
3.您認為孔子的學說，可以代表中國傳統文化的精髓嗎？	非常可以 18.86%	尚可以 64.15%	不可以 9.43%	極不可以	無意見 7.54%
4.您認為下列何項孔子的教育思想，對現代教育的影響力最大？	創意思考教學 13.11%	終身學習的典範 24.59%	美善人格的彰顯 24.59%	因材施教的精神 24.59%	無意見 13.11%
5.您認為下列何項孔子的經典名言，讓你終身受用？	忠恕 25.92%	克己復禮 14.81%	見賢思齊 37.03%	入孝出悌 3.7%	無意見 18.51%
6.您認為如果孔子活在現代，他的思想學說對青年學子有影響力嗎？	非常可以 5.76%	尚可以 55.76%	不可以 28.84%	極不可以 1.92%	無意見 7.69%

7. 您認為下列何項儒家思想，能影響廿一世紀的社會人心？	忠恕之道 11.66%	中庸準則 30%	仁與禮 25%	仁義之道 18.33%	無意見 15%

資料來源：國立臺灣海洋大學103學年度「探究式教學法融入經典教學」回饋調查表

從問卷統計分析，可知大學生有45.28%喜歡研讀古籍經典，有20.75%不喜歡，有28.3%的學生無意見。根據國內外的調查顯示，青少年與大學生是手機成癮的高危險群，因此有一半以上的大學生不願花費精力與時間，進一步深入研讀古籍經典，相形之下，人文素養也無法提升，令人堪憂。經由探究式教學法融入經典教學，以培養學生主動探究的學習態度，學生在搜尋圖書館網路資源、分析整理相關資訊後，有56.89%的學生認同古籍經典可以表現中國傳統文化的精髓，有64.15%的學生，認為孔子的學說，尚可以代表中國傳統文化的精髓。

對於孔子的經典名言，如：「忠恕、克己復禮、見賢思齊、入孝出悌」等項，約有二成以上的學生認為可以終身受用，並且身體力行。有五成以上的學生認為如果孔子活在現代，他的思想學說對青年學子有影響力。的確，從《論語》中，可以見到孔子與弟子們的嘉言與懿行，孔門之學，最講求的是做人的道理，以德行為本、知識為次。在為學的態度上，孔子展現出不斷地學習與力求上進的態度，可以激勵學生以「終身學習」的態度，來學習新知、增廣見聞。至於儒家思想，能影響廿一世紀的社會人心方面，有三成的學生勾選「中庸準則」，二成以上學生勾選「仁與禮」，至於「仁義之道與忠恕之道」，約有一成以上學生勾選。可見儒家學說體用兼備，是傳承中華文化之中流砥柱，至今仍有深遠的影響力。德國哲學家黑格爾（Georg Wilhelm Friedrich Hegel, 1770-1831）說：「經典是永恆的，因為它會不斷激起讀者心靈中的理念典型。」這的確是中肯的言論。

四 結論與建議

（一）結論

　　英國生物學家達爾文（Darwin, 1809-1882）曾說：「最有價值的知識是關於方法的知識。」的確，在資訊科技文明日新月異的時代，各級學校的教材內容也需要不斷的發展與創新，掌握住良好的教學方法，也就是掌握住開啟新時代智慧的鑰匙。因此，為人師表者不應該忽略任何一個學生的學習權利，面對個別差異的學生，如何因材施教，以培養學生良好的學習態度，這是教師任重道遠也是最艱難的挑戰。我們樂見探究式教學法的開啟，在教學活動中注入新意，引導學生適應瞬息萬變的社會為學習的主軸，跨學科的整合，開啟學生全方位的能力，智能教育與文化陶冶相結合。

（二）建議

1. 面臨跨世代的文化視野，學生在學習活動中，思考、應變，再與小組、分享交流不同的看法，跨越時間、不同世代思維模式的文化：「儒家思想是否能影響廿一世紀的社會人心」，這是值得大家關切的議題。
2. 探究教學法不只要學生獲得知識，還要培養學生像探究者般的思考，包括如何解決問題、建構理論、找資料、轉化資料成為有用的知識，成為主動的學習者。在解決問題的過程中，學生不只學到專業知識與要解決問題的連結，還學到如何解決問題的程序。（符碧真，2012）因此，教師應積極充實本身閱讀指導的能力。
3. 建置新一代圖書館自動化系統，提供多元化教材及學習環境，是實施探究式教學之基石，透過教學平臺的聯結、線上討論的應用

（邱子修，2009）來打破僵化的傳統教學方式。整合性的資訊系統，有著融合教育與生活的能力，統整各類學科，藉著電腦的輔助，以激發學生的好奇心及創造力。

4. 尊重關懷與團隊合作，牛頓（Newton, 1643-1727）曾說：「我可以比別人看得更高更遠，是因為我站在他人的肩膀上」，可見合作學習可以提升學生的視野與解決問題的能力。

　　因此教師應先調整自己的學習觀和知識觀，引導學生成長及發展，透過小組的合作，從事知識的分享與建構，並學會負責的態度。以求新求變的信念，來提高學校教育的品質，使每位莘莘學子在快樂的學習環境中茁壯成長。

參考文獻

一　中文文獻

吳智雄、顏智英　《生命・海洋・相遇──詩文精選》2版　臺北市　五南出版社　2014年

陳欣蘭　2007年　〈論探究式教學法在社會科教學上的應用〉　《網路社會學通訊》　第67期

劉美芳　〈簡介探究式教學法〉　《數學與科學教育》　試刊1　2004年　頁29-34

邱子修　〈結合跨文化視野於數位華語文學教材的閱讀策略〉（Integrate Transcultural Perspectives into Reading strategies of Chinese Literary e-textbooks）　第六屆全球華文網路教育研討會　2009年

符碧真　〈知識花園的探險樂趣：探究式教學法〉　國立臺灣大學教學發展中心　電子報 http://ctld.ntu.edu.tw/_epaper/news_detail.php?nid=116　2012年

梁淑貞、陳秀騰　香港培正中學教師進修日2001年專題研習　2001年

謝州恩、吳心楷　〈探究情境中國小學童科學解釋能力成長之研究〉　《師大學報：科學教育類》　50卷2期　2005年　頁1-27

洪振方　〈探究式教學的歷史回顧與創造性探究模式之初探〉　《高雄師大學報》　15期　2003年　頁641-662

二　英文文獻

American Association of School Librarians, "Standards for the 21st Century Learner," American Association of School Librarians, 2007, accessed July 15, 2014, http://www. ala.org/aasl/sites/ala. org.aasl/files/content/ guidelinesandstandards/learningstandards/ AASL_LearningStandards.pdf.

Dodge, B. (1995). "WebQuests: A Technique for Internet-Based Learning." *Distance Educator*, 1 (2), 10-13. [EJ 518 478].

Cordeiro, P., & Campbell, B. (1995), Problem-Based learning as cognitive apprenticeship in educational administration, (ERIC Document Reproduction Service No. ED 386 800).

Finke, R. A. (1990). Creative imagery: Discoveries and inventions in visualization. Hillsdale, NJ : Erlbaum. Reed, S. K., & Johnsen J. A. (1975). Detection of parts in pattems and images. *Memory and Cognition*, 3, 569-575.

閱讀與觀課*

一 前言

　　閱讀書籍，可以擷取書中的精華，充實自我的見聞，在餘情迴盪中，使得源頭活水來，智慧花朵開。英國教育部長布朗奇（David Blunkett）也說：「每當我們翻開書頁，等於開啟了一扇通往世界的窗，閱讀是各種學習的基石。在我們所做的事情中，最能解放我們的心靈的，莫過於學習閱讀。」正說明了閱讀是心與心的交流，是保持生活躍動，永不寂寞的妙方。

　　觀課，又稱課堂觀察（classroom management）作為一種研究課堂的方法，源於西方科學主義的思潮，發展於二十世紀五、六〇年代。美國社會心理學家貝爾思（R. F. Bales）於一九五〇年提出的「互動過程分析」理論為典型代表，其開發了人際互動的十二類行為編碼，並以此作為課堂中小組討論的人際互動過程的研究框架，貝爾思的研究開啟了課堂量化比較系統研究的序幕。而美國課堂研究專家弗蘭德斯（N. A. Flanders）於一九六〇年提出他自己修正的研究成果「互動分類系統」，即運用一套編碼系統（coding system），錄課堂中的師生語言互動，分析、改進教學行為，則標誌著現代意義的課堂觀察的開始（崔允漷、沈毅等，2007）。觀課的理念源自「經驗分享學習」，從累積的經驗去分析探究、以客觀的批判、仔細的聆聽別人可

---

* 本文刊載於2014年9月《國文天地》。

貴的經驗方式，用心觀察，經過反思後，改變自己的教學模式，有別於傳統老師講課學生聽課的模式。

二　閱讀教學與課堂觀察

　　根據二○○六年的促進國際閱讀素養研究（Progress in International Reading Literacy Study，簡稱 PIRLS）的定義，S 讀者（Strategic & Super Reader），必須具備下列的閱讀素養（Reading Literacy）：素養一：能夠理解並運用書寫語言的能力；素養二：能夠從各式各樣的文章中建構出意義；素養三：能從閱讀中學習；素養四：參與學校及生活中閱讀社群的活動；素養五：能夠由閱讀獲得樂趣。亦即閱讀素養從基礎的運用書寫能力開始，進而建構意義、閱讀學習、參與社群活動到最高境界樂在閱讀。此素養的指標層級，可作為閱讀教學策略檢定的重要參照指標（柯華葳，2007）。可見閱讀素養的培養，除了掌握閱讀興趣、閱讀行為，與閱讀成效諸多要素外，更是提升國民素養與國家未來國際競爭力的重要關鍵。茲述如何利用觀課來加強閱讀教學的成效，如下：

（一）觀課教學策略

　　觀課的「觀」包括視和聽，既要用耳，也要用眼，還要用腦用心，觀課可以發揮教學洞察力。宋代哲學家邵雍在〈觀物篇〉中說：「夫所以謂之觀物者，非以目觀之，而觀之以心也；非觀之以心，而觀之以理也。」（《皇極經世‧觀物篇》）說明觀物的層次，先經由感官認知的「觀看」，最後達到情理交融的「觀感」境界。此種理念與觀課的「觀」有異曲同工之妙。

　　觀課是參與者相互提供教學資訊，共同收集和感受課堂資訊，在

充分擁有資訊的基礎上，圍繞共同關心的問題進行對話和反思，以改進課堂教學、促進教師專業發展的一種研修活動。課堂教學是教師永遠未完成的一種創造。堅持這種發展開放的課堂教學觀，觀課以「思」為基礎，促進參與者為未來教學而創造，在自由創造中追求詩意生活（陳大偉，2010）。觀課的內容，在教師方面，包括：教學技巧、專業知識、課堂管理等；在學生方面，包括：學習態度、學習策略、學習表現等。觀課是運用資訊科技進行互動學習的教學技巧，可以使學生在做中學。教師的授課是一種現實生活的教學，教育家杜威（John Dewey）說：「教育即生活」（1938）經由觀課的教學活動，可以發揮教師對未來教學生活的指引作用，而設計出更理想的教學內容，以提升學生的學習興趣。

（二）閱讀教學策略

閱讀教學所涉及的面向，包括教師的教學教法、教材內容的難易、學生學習的動機、學生學習的意興趣、師生的互動等事項，在在都點出問題的核心，足供教學者與觀課者的省思與改進。推動閱讀教學，當務之急，就是要強化閱讀教學策略，並以實際教學觀課，讓教師在教學現場能靈活運用各類教學策略，以提升學生的高層次閱讀能力，並增進學生閱讀文章與寫作的能力。

閱讀教學可以提升學生人文素養的方法：1.閱讀優美詩篇，以培養高雅情操。2.閱讀傳記文學，以塑造高尚人格。3.閱讀儒家經典，以培育人文素養。4.閱讀歷史讀物，以擴展宏觀視野。5.閱讀怡情讀物，以引導正確人生觀。

加強閱讀教學，提升學生寫作能力的方法：1.基本句型與遣詞造據的訓練。2.創意思考的訓練。3.加強閱讀作文的寫作能力（謝淑熙，2013年）。《紅樓夢》書中有句話說：「世事洞明皆學問，人情練

達即文章」，針對目前學生較不擅長的破題、聯想、融合生活經驗等議題，教師應提供閱讀寫作單元，精選重要名家散文，讓學生多讀多寫，以加強學生寫作能力。透過引導寫作的形式，測驗學生針對主題，能夠寫作一篇結構完整的文章。至於遣詞造句、篇章組織等寫作技巧，則可透過廣泛閱讀，觀摩名家作品，以及勤加練習等方法來培養。

綜合上述，可知閱讀是推動國語文教育中不可或缺的一種學習方法。閱讀教科書除了要理解書中的學科內容以外，也要引導學生邏輯推理與多元思考的能力。課外讀物之選材，宜求文字難易適中，內容賅博周洽，思想新穎深刻，文學樣式多元，並使學生能自行閱讀吸收，以作為範文教學之補充。「工欲善其事，必先利其器」，並且要引領學生善加利用圖書館，以提升資料彙整的能力。「觀課」顧名思義，就是通過觀察對課堂的運行狀況進行記錄、分析和研究，並在此基礎上謀求學生課堂學習的改善、促進教師發展的專業活動。觀課的目的是關心學生的閱讀數速度、認讀、及基本理解能力，並藉由強調標準化、客觀、和量化的閱讀結果，以全盤瞭解課堂上學與教的狀況為主（沈毅、林榮湊，2007）。閱讀教學與課堂觀察二者必須相輔相成，以增進教師的專業知能，進而提升學生的閱讀能力。

三 「觀課」在閱讀教學上之運用

本研究是透過國立龍潭高中102學年度第2學期「圖書館利用──營造書香校園之深耕閱讀」研習計畫；目的：推動全校閱讀風氣，營造書香校園，並協助研習學員養成閱讀之嗜好；參加對象：本研習活動主要供高二學生參加，亦歡迎本校教師參與。筆者有幸擔任「尋找閱讀的喜悅」的主講人，茲歸納此次「深耕閱讀快樂學習」的教學目標與教學內容，並列表於下：

（一）閱讀教學時間與地點

時間	地點	活動項目	主持（主講）人
4月3日 9：10-11：00	國立龍潭高中 誠樸樓三樓視聽教室	尋找閱讀的喜悅	國立海洋大學 謝淑熙 教授

（二）閱讀教學目標與教學內容

課次	教學目標	教學內容
1	探討閱讀的重要性	1. 激發自己潛能及創造思考的原動力。 2. 增長見聞，開闊視野 3. 閱讀傳記文學，培養高尚情操 4. 怡情養性，變化氣質
2	探討閱讀的兩扇法門： 精讀與略讀	**精讀的方法：** 1. 佳句欣賞 2. 重點句分析 3. 作者寫作的旨趣 4. 文章的重點所在 5. 延伸思考 **略讀的方法：** 1. 閱讀目次表：以瞭解內容結構，然後略讀一遍內容 2. 讀主標題、副標題、重點標示的關鍵詞句以及各種圖表 3. 其他內容不需要逐字逐句細讀，快速瀏覽即可
3	深耕閱讀可以提升寫作的能力	1. 增加辭彙，提升寫作能力 2. 培養批判性思考（critical thinking）的能力 3. 多讀多寫，以增進寫作能力

4	閱讀思考表達力實作練習	示例一： 余光中：開卷如開芝麻門 請依據下面步驟，完成下列表格。 1. 依據文中對開卷的描述，用至少四個簡短的語詞歸納開卷的特質，由中心主題〈開卷如開芝麻門〉畫支線，每一支線只寫一個語詞（A）。（拓展思路） 2. 從步驟一的語詞中選一個主要評論的語詞，寫在 B 格中。（聚焦特定觀點） 3. 從文章中至少找出兩個佐證步驟二的資料，寫在 C 格中，越多越好。（有憑有據） 4. 歸納統整步驟二和三的內容，寫成一段有憑有據詮釋開卷好處的結論。
5	閱讀思考表達力實作練習	示例二： 資訊整合寫作 結合網際網路議題，與「正反觀點聯想」，請考生歸納出題目中的觀點或思想，並對其提出自己的意見，加以批評討論。
6	閱讀思考表達力實作練習	示例三： 在文學作品中，往往通過作者的感覺意象加以形容描述，主要依「視、聽、嗅、味、觸」五個感官，即視覺、聽覺、嗅覺、味覺、觸覺的摹寫來分類。

（三）觀課表格

觀課教師：彭兆東	日期：103年4月3日
授課教師：謝淑熙	時間：0910-1100
班別：國立龍潭高中二年級學生87人	課節：2
科目：圖書館利用研習活動	教學語言：中文
課題：深耕閱讀快樂學習	教學內容：培養讀者之閱讀能力及寫作技能

課堂教學目標

1. 使學生透過研習活動，建立良好的閱讀習慣。
2. 使學生發展良好寫作能力。

評估重點

1. 學生對本研習內容認同情形之觀察。
2. 課程教學有效性之質性觀察。

評鑑內容

課堂教學	優點	有待改善的地點
教學的策劃與組織	1. 課程內容設計符合學生需求。	1. 可考慮選取一段精美短文，做「精讀」之示範。
學習差異的照顧	1. 內容深入淺出，不同學生皆可得到與自身能力相匹配之獲益。 2. 教師能適宜鼓勵與協助反應較慢之學生。	
傳意技巧	1. 教師能以深厚之人文素養支持授	1. 投影片內容略多。

課堂教學	優點	有待改善的地點
	課內容,令學生有耳目一新之感受。 2. 教師能使用教學媒體,有效傳遞知識內容。 3. 教師能穿插趣味話題以引起學生專注聽課。	
課堂管理	1. 教師能將視線投注在教室各角落,隨時注意學生的反應。	1. 使用大教室,學生座次未能集中。
專業知識	1. 教師之學位主修專長與授課內容完全符合。	
專業態度	1. 教師具多年之實務教學經驗,並能充分掌握教材教法。 2. 教師於授課中能以適當之熱忱帶動學生學習意願。	
學習態度	1. 課堂全程認真學習者約佔80%。	1. 若第一堂課中即能穿插「有獎徵答」,當更能促使學生全程認真學習。
學習策略	1. 事先取得兩種講義資料,供上課使用。 2. 配合筆記授課重點內容。 3. 積極回應教師在課堂之口頭測驗。 4. 有部分學生形成小組,以合作學習方式因應教師口頭測驗。	1. 未見學生主動提問課程內容相關問題。
學習表現	1. 隨著教學歷程,對授課內容感到興趣之學生愈顯增多,其等對知識與技能之學習意願亦同樣愈見增加。	

課堂教學	優點	有待改善的地點
	2. 課後回饋顯示：學生都願意再上一次類似課程。	

　　綜合上述，可知「閱讀教學」與「觀課」是師生雙向互動的教學過程，包括：教材內容的多元化、學生有效使用閱讀資源和分享想法，進行自主與獨立學習，以達到閱讀教學的目的（蔡慧鈴，2006）。只有結合各方面的資源與智慧，集思廣益，全力以赴，才能落實閱讀教學成效的提升。《禮記‧學記》上說：「學然後知不足，教然後知困。知不足，然後能自反也；知困，然後能自強也。故曰教學相長也。」這段話揭櫫兩個教育觀念：1. 教育是一種正面向上力量的提升過程、2. 教育是一種雙向互動的過程（吳智雄，2013）。的確，觀課是彰顯「教學相長」真諦的一種教學模式，也是促進教師專業成長的一種方式。

四　結論

　　在廿一世紀知識蓬勃發展的時代，全世界的先進國家，都將教育列為國家最優先的議題，而教育的改革沒有捷徑，只有方法，那就是「藉由閱讀的養成，培養公民終身學習（learning throughlife）的能力，作為知識經濟競爭的基礎。」世界管理大師彼得‧杜拉克（Peter Drucker）曾經指出：「人類的歷史上，再也沒有比此時更重視知識的價值了。」的確，在科技文明一日千里的時代裡，知識已成為運籌帷幄、決勝千里的關鍵。而觀課之教學方針，對改善學生課堂學習、促進教師專業發展和形成學校合作文化等，都有著極其重要的意義。因此學校教育要全面推展學習型組織，讓「觀課」成為推動「閱讀」教

學實踐和教學理論的一座橋樑，為教師的專業發展提供了一條很好的
途徑（沈毅、林榮湊，2007）。以培養能夠終身學習的國民，進而提
升學生的人文素養與知識競爭力。

新加坡前總理李光耀說：「廿一世紀的公民，必須要有快速吸取
訊息的能力和正確表達自己意思的能力，才能和別人競爭。」（洪
蘭，2009）這的確是值得發人深省的言論。閱讀的習慣在年輕時就要
養成，寫作的種子，也應在年輕時代就埋下。因為有思想的人，才有
內涵，有智慧的人，才有品味，唯有多看、多學，才能使智慧增長。
有一句話說：「昨日已成歷史，明日仍是未知，而當下是上天給的禮
物。」活在當下，更可以超越時間的侷限，而在時代的洪流中，留下
屬於自己的印記，因此，希望大家要培養閱讀的習慣，努力充實自
我，使自己成為知書達禮，具有全方位能力的時代青年，進而營造一
個溫馨和諧的書香社會。

參考文獻

〔宋〕邵雍　〈觀物篇〉　《皇極經世》　臺北市　新文豐出版公司
　　　　影印明正統十年之正統道藏本　1985年　卷62　頁433

蔡慧鈴　《國小學童知覺教師閱讀教學行為與其閱讀動機之關係研
　　　　究──以臺中縣為例》　臺中市　東海大學教研究所碩士論
　　　　文　2006年

崔允漷、沈毅、林榮湊等　〈課堂觀察20問答〉　《當代教育科學》
　　　　第24期　2007年　頁6-16

柯華葳　〈促進國際閱讀素養研究（PIRLS）最新發現──臺灣需要
　　　　更多「閱讀策略」教學〉　《天下雜誌‧2007親子天下專
　　　　刊》〉　2007年　頁152-158

洪　蘭　〈培養正確表達意思的能力〉　《天下雜誌》網站　2009年
　　　　6月15日　2009年

陳大偉　〈觀課議課的定義和文化標識〉　《福建教育・中學教育》
　　　　10期　2010年

吳智雄　〈大學國文的三種用處〉　《生命・海洋・相遇——詩文精
　　　　選》　臺北市　五南圖書出版公司　2013年　頁372

謝淑熙　〈推動閱讀教育：以提升人文素養〉　中華民國商業職業教
　　　　育學會　《商業職業教育季刊》　第130期　2013年　頁19-
　　　　26

從《荀子・勸學篇》談終身學習的理念[*]

一　前言

　　展閱歷史的長卷，可知兩千多年前，荀子的學說，上承孔孟，旁收諸子，開啟漢儒，是中國學術思想史上承先啟後的樞紐（李澤厚，1991）。根據《四庫全書總目提要》卷九十一記載：「況（荀子名況字卿）之著書，主於明周孔之教，崇禮而勸學。」說明荀子著書大旨在勸學，擔憂學生恃才傲物而荒廢學業，因此教導學生黽勉學禮，敦品勵學，來培養完美的人格，以發揚孔子禮樂教育的思想。荀子在〈勸學篇〉一文中，以「學不可以已」的理念，引導學生開啟知識的堂奧，及終身學習的視窗，並勉勵學生有恆不懈的學習精神是重要的。閱讀荀子〈勸學篇〉一文，可以讓學生領悟到「終身學習」的重要。

　　邁向二十一世紀，多元化的教育思潮，也隨著知識經濟時代的來臨，深深牽動著臺灣的未來。一九九六年聯合國教科文組織所推動終身學習（Lifelong Learning）的四大支柱：（一）學會學習（learning to know）、（二）學會做事（learning to do）、（三）學會共同生活（learning to lie together）、（四）學會創發（learning to be），是我們今後推動教育改革的圭臬。美國歷史學家亨利、亞當斯（Henry

*　本文刊載於2014年5月《商業職業教育》季刊。

Adams）說：「只要懂得如何學習，就有足夠的知識。」知之深，不如行之著，因此人人都要不斷的學習，點燃知識的火炬，努力充實自我，讓終身學習的願景，在每個人的身上綻放出美麗的花朵。

二 《荀子‧勸學》談終身學習的目標

《荀子》一書的開宗明義篇就闡述「勸學」的理念，強調學習是增長見聞的契機。荀子以〈勸學〉為首篇，認為「學」為進修業的基石，而勸學的「學」，是主張知行並重，智德兼修，二者不可偏廢。荀子繼承儒家道德實踐的精神，認為經由學習的歷程，才能徹底明瞭學問的旨義，也就是孔子所說：由「知之」、「好之」進展到「樂之」的境界，才能融會貫通所學。茲就〈勸學篇〉一文所述，來論述終身學習的目標為何？並條分縷析如下：

（一）敦品勵學

荀子認為求學的首要目標，就是敦品勵學。學生在求學階段，經由良師的諄諄教誨，可以鞭策自己進學不輟，提升智慧；益友的切磋琢磨，可以激勵自己力求上進，修身立德，所以荀子說：「木受繩則直，金就礪則利；君子博學而日參省乎己，則智明而行無過矣。」〈勸學篇〉說明人生於世，要以「日知其所無，月無忘其所能」（《論語‧子張》）的求學態度，孜孜不倦學習各項新知，循序漸進，定能日起有功，使惡習惡性不會染汙靈明的天性。並時時以曾子所說：「吾日三省吾身，為人謀而不忠乎？與朋友交而不信乎？傳不習乎？」（《論語‧學而篇》）來反省自己是否能學以致用，實踐倫理道德，以開闊視野，增廣見聞，使德業日益精進。《紅樓夢》有句話說：「世事洞明皆學問，人情練達即文章。」說明人人應從日常生活

環境中，擷取各項新知以充實自我，佈乎四體，行乎動靜，以敦品勵學。正如美國教育家杜威（John Dewey）所說：「生活即是教育。」強調學習是生活的體驗，是道德實踐的表徵。

（二）修身養性

荀子認為學習的功效，在於使學生增長見聞，充實各項生活知能。因此研習課業的目標，是提升進德修業的原動力，推而廣之，就是教導學生修身養性的方法，及待人處世的道理。荀子認為教育的最高目標，在於培養學生成為德智兼備，行為合乎仁義道德，能明辨是非善惡，能謹言慎行，修養完美品德，合乎聖人德範的人。可見儒家界定聖人的德業，涵攝著「知與行」二方面。因此荀子勉勵學生想要達成此目標，必經由下列進德修業的方法：「其數則始乎誦經，終乎讀禮。其義則始乎為士，終乎為聖人。」（〈勸學篇〉）荀子認為人性本惡，勉勵人人以禮樂教化來修養心性，從誦讀經書來增進智能，從實踐禮義來修養品德，而以聖人為終極目標，聖人的德行修為，是社會崇高的典範。因此荀子說：「積善而全盡，謂之聖人……積禮義而為君子。」（〈儒效篇〉）說明高尚的人格，非出自天性，乃是積善成德，謹言慎行，積累禮義所致。可見儒家的教育目標，置德行於首位，並勉勵學生從誦經讀禮中，經由人文教養的陶冶，以修養完美的品德。

（三）學貴有恆

荀子在〈勸學篇〉中說：「不積跬步，無以致千里；不積小流，無以成江海」，強調為學猶如滴水穿石，一點一滴的蓄積，可以成為長江大河。學生求學也應該有此種鍥而不捨的精神，持之以恆的學習，才有學有所成的一日到來。因此荀子說：「真積力久則入，學至

乎沒而後止也。」又說:「鍥而舍之,朽木不折;鍥而不舍,金石可
鏤。」說明求學階段「終身學習」的重要,要以「活到老,學到
老」、「有志者事竟成」的精神努力學習,不可以半途而廢,並且要以
「人一能之己百之,人十能之己千之。」(《中庸》)的態度,全力以
赴,使自己的德業日益精進。因此曾子說:「士不可不弘毅,任重而
道遠,仁以為己任,不亦重乎,死而後已,不亦遠乎?」(《論語·
泰伯篇》)說明學者立志向道,應該具有遠大的抱負與堅強的意志,
期許自己以兢兢業業的態度勤學不輟,這就是儒家終身學習精神的
表徵。

(四)環境教育

我國儒家教育學生,重視環境教育對人的影響力,所以孔子說:
「性相近,習相遠也」(《論語·述而篇》)又說:「里仁為美,擇不處
仁,焉得知?」(《論語·里仁篇》)說明人類的可塑性極大,良好的
學習環境,對於個人的進德修業,有深遠的影響力,因此古代孟母有
三遷之舉,墨子有染絲之嘆,都是說明環境的重要。所以荀子說:
「蓬生麻中,不扶而直;白沙在涅,與之俱黑。……故君子居必擇
鄉,遊必就士,所以防邪僻而近中正也。」〈勸學篇〉強調人類居住
的環境,對於個人的心性修養,有頗大的影響力,所謂:「少成若天
性,習慣成自然。」良好的道德習慣,應從家庭教育做起,並且讓道
德教育延伸到學校、國家、社會,因此《大學》上說:「欲治其國
者,先齊其家;欲齊其家者,先脩其身。」足證良好的家庭環境教
育,對於學生心智的成長,有深遠的影響力,是不容掉以輕心的教育
目標。

三 《荀子‧勸學》談終身學習的方法

　　荀子在《勸學》篇中談到了終身學習的四種方法：學貴專一、學貴隆禮、善假於物、虛心求教。這些方法對於今日學校教育，教師的教和學生的學，都具有重要的指標意義。《禮記‧學記篇》說：「君子如欲化民成俗，其必由學乎？玉不琢，不成器；人不學，不知道。是故古之王者，建國君民，教學為先。」說明良師的教導，益友的切磋，對於學生的進德修業有莫大的助益。茲就〈勸學篇〉一文所述，論述終身學習的方法為何？並條分縷析如下：

（一）學貴專一

　　荀子認為學生應該以精誠專一的態度去鑽研學問，才能學有所得。《大學》上說：「定而後能靜，靜而後能安，安而後能慮，慮而後能得。」指出凡人志有定向，內心虛一而靜，才能安其所處，不見異思遷，專注於所學，慮事精詳，方能學有所得。古人下帷苦讀，不窺園囿，能夠專心向學，終能學有所成。因此荀子說：「螾無爪牙之利，筋骨之強，上食埃土，下飲黃泉，用心一也。」；「行衢道者不至，事兩君者不容，目不能兩視而明，耳不能兩聽而聰。」（〈勸學篇〉）說明全神貫注，才是正確的學習態度。為學須循序漸進，專心有恆，始能學有所成。孟子也說：「今夫奕之為數，小數，不專心致志，則不得也。」（《孟子‧告子篇》），由此可見，學貴專一，可收事半功倍之效；反之，心有旁鶩，必定一事無成。

（二）學貴隆禮

　　荀子說：「禮者，人道之極也。」（〈禮論篇〉）強調禮涵蘊甚廣，上自國君經邦濟世之道，下至庶人立身處世之道，乃至敬天法祖、飲

食起居之生活細節,鉅細靡遺均涵攝其中。因此儒家的教育思想,都以「禮」為個人言行、思想的準繩,也是社會道德實踐的規範。孔子勉勵兒子孔鯉說:「不學禮無以立。」正說明不知禮、不實踐禮,無法立足於天下。所以荀子也大聲呼籲學生:「禮者,法之大分,類之綱紀也。」、「學惡乎始?惡乎終?曰:其數則始乎誦經,終乎讀禮。」(〈勸學篇〉)荀子認為推崇禮義、實踐禮義為道德之極致,推而廣之,誦經讀禮是學生求學的具體目標。禮是個人修身養性、言談舉止,都應遵守的規範,荀子說:「禮者,人之所履也。」(〈大略篇〉)強調禮重實踐,人人都能克己復禮,就可以減少暴戾之氣,進而塑造祥和的社會風氣。

(三)善假外物

　　荀子說:「君子生非異也,善假於物也。」(〈勸學篇〉),說明君子的天性與眾人相同,就必須善加利用已有的知識,體會觀察利用自然萬物,以增長更多的知識與智慧。孔子說:「工欲善其事,必先利其器。」(《論語‧衛靈公篇》)正說明工匠無利器,不能做好工作;學者不博覽群經,不能充實自我,以怡情養性。因此荀子說:「禮恭而後可與言道之方;辭順而後可與言道之理;色從而後可與言道之致。」(〈勸學篇〉)說明拜師學習,學習者的態度尤為重要,學生心悅誠服老師的教導,可收事半功倍之效。因此荀子說:「假輿馬者,非利足也,而致千里;假舟楫者,非能水也,而絕江河。」(〈勸學篇〉)強調為學重在實踐,重在積極參與,重在持之以恆的學習,重在不斷汲取新知,以充實自己。所以荀子又說:「吾嘗終日而思矣,不如須臾之所學也。」勉勵學生要學思並重,以增進學問涵養。在資訊科技文明日新月異的現代,學習資源豐富,如果不博觀約取,勤勉力學,將趕不上時代的進步而被淘汰。因此荀子善假外物以學習的精神,值得大家黽勉惕勵。

（四）虛心求教

所謂虛心求教，就是以謙虛的誠心來接受老師的教誨。韓愈說：「師者，所以傳道、授業、解惑也。」書本中的知識浩若煙海，一個人窮盡畢生的精力，也難窺其全豹。例如：顏回具有「聞一知十」的才智，仍須拜孔子為師，向孔子學習，顏回讚歎孔子說：「夫子循循然善誘人；博我以文，約我以禮。欲罷不能，既竭吾才，如有所立，卓爾；雖欲從之，末由也已。」（《論語‧子罕篇》）正說明在求學階段，良師教誨的重要，博學多聞的老師，能因才施教，為學生釋疑解惑，並旁徵博引，使學生茅塞頓開。所以荀子說：「學莫便乎近人。禮樂法而不說，詩書故而不切，春秋約而不速。」（〈勸學篇〉）荀子強調個人的修身力學，而良師的教導，是求學成功不可或缺的要件，因為詩、書、禮、樂的經典古籍，雖有後人的注解，但是如果沒有老師的詳實解說，懇切的剖析，其中仍有頗多隱晦艱澀難以理解的地方。因此良師的教誨，可以引導學生開啟知識的堂奧，是最便捷的學習途徑。所以荀子的教育思想，特別重視價值經驗的傳承，尊敬老師虛心求教，是學生學習生涯中，應銘記在心的，並且學以致用，來回饋老師諄諄教誨的恩德。

四　結論

近年來，許多學者主張技職教育的發展，一方面必須與全球化、科技化結合，另一方面，也不可以忽視人文博雅教育（liberal education）的陶冶，技職教育的目的必須由培養專業技術導向的單向思維，轉而以人為本，注重全人發展的新方向，將心理學「全人」的概念引用到教育上，即是「全人」教育（wholesome education），意即

「健全的教育」、「完整的教育」，也就是德、智、體、群、美五育兼備、均衡發展的教育。「全人教育」是兼顧理性、情感、意志和性靈的教育（林淑瓊，2003）。從《荀子‧勸學篇》中所闡述「教與學」的思想，強調教導學生除透過心靈的認知作用外，更強調後天的學習經驗，與外在道德實踐的重要。可見，荀子之教育思想與「全人教育」的理念相似。

　　為因應時代之挑戰與衝擊，終身學習（learning through life）已成為前瞻未來，領航知識世紀的標竿，而全人教育（Holistic Education），更是追求卓越，掌握未來的契機。每個時代都有當時的困境，唯一不變者，即是世代傳承的精神與力量。因此每位教師應有「兩肩負重任，心懷千萬年」的薪傳責任，來推動荀子以道德實踐為本的「全人教育」理念，進而營造溫馨的終身學習環境，以培育具有多元智慧、宏觀視野、蓄積深厚、知書達禮的 e 時代好青年。

參考文獻

一　中文文獻

（一）古籍部分

〔漢〕鄭玄注　〔唐〕孔穎達正義　《禮記正義》　臺北縣　藝文印書館　1998年

〔宋〕朱熹　《四書章句集注》　臺北市　鵝湖出版社　1998年

〔清〕王先謙　《荀子集解》　臺北市　世界書局　1991年

（二）現代專著

王忠林　《新譯荀子讀本》　臺北市　三民書局　1974年

李澤厚　《中國古代思想史論》　臺北市　風雲時代出版公司　1991年

李明輝　《儒學與現代意識》　臺北市　文津出版社　1991年

蔡仁厚　《孔孟荀哲學》　臺北市　臺灣學生書局　1984年

曾增節　《荀子的智慧》　智慧大學出版社　2003年

趙士林　《荀子》　臺北市　東大圖書公司　1999年

（三）期刊論文

林淑瓊　〈淺談全人教育〉　《海軍軍官》　第22卷第1期　2003年
　　　　頁70-75

熊公哲　〈孟子仁義荀子禮義其辨如何〉　《孔孟學報》　16期
　　　　1968年

劉真倫　〈論荀子禮論的道德屬性〉　《孔孟月刊》　第34卷第4期
　　　　1995年

二　英文文獻

1996聯合國教科文組織出版「學習──財富蘊涵其中」（Learning The
　　　Treasure within）

貳　閱讀教學實例

閱讀教學與人文素養[*]

——以《論語》為例

一　前言

　　在知識經濟蓬勃發展的時代中，知識已成為運籌帷幄、決勝千里的關鍵。多元化的教育思潮，不斷衝擊著臺灣的未來，因此終身學習已成為前瞻未來的指標。閱讀書籍、探索知識，乃是激發自己潛能及創造思考的原動力。英國哲學家培根不但提出「知識就是力量」的名言，更說明勤展良書卷的益處是：「歷史，令人聰明；詩，令人機靈；數學，令人精巧；倫理，令人莊重；邏輯、修辭，令人能說善道。」這的確是深中肯綮的言論。足證閱讀書籍，可以擷取書中的精華，充實自我的見聞，在餘情迴盪中，使得源頭活水來，智慧花朵開。

　　英國牛津大學副校長黎芬司東（Livingston）在他所著《一個動盪世界的教育》一文中說：「教育應以養成德操為第一要務；而德操的養成在使學子多看人生中偉大的事情，多識人性中上上品的東西。人生和人性的上上品，見於歷史和文學中的很多，只要人們知道去找」。所以在教材方面，應多引用對社會人心有助益之人物傳記為典範，且以實際生活作直接的編譯，切忌陳腐教材，免得學生有隔靴搔癢且陳義過高的感覺。

　　透過傳記文學優美生動的妙筆，將偉人的人格狀貌、行誼、功

---

[*]　本文刊載於臺北市立教育大學2012年3月《國教新知》。

業、人生理想等項，一一呈現讀者眼前，使學生由認知層次，提升為
篤實踐履。並且可藉由古聖先賢的智慧結晶及字字珠璣，引領學生開
啟中國文學的堂奧。例如、在〈留侯論〉一文中，蘇軾再三強調
「忍」字為人們生命中不可或缺的原動力，並且剖析「卒然臨之而不
驚，無故加之不怒」的大勇與「拔劍而起，挺身而鬥」的小勇之區
別，在於能「忍小忿而就大謀」。由此二者之分判，為人師表者就應
該以史為鑑，教導學生探索生命的意義、人生的意義、宇宙的真理、
生活的目的……等問題。使少不經事的青少年經由老師的解析與引
導，對大哉問的「生命意義與價值」不斷的去思維探索，並且不受不
良書籍雜誌、不當的大眾傳播媒體片面資訊的誤導，而走入自取滅亡
或自暴自棄的人生旅途上。

二　人文素養的真諦與啟示

　　什麼是人文主義呢？英文中之人文主義 Humanism 一詞，源自羅
馬字之 Hmanitas，其意義就是文化。易言之，就是以「人」為中心的
文化；用之於教育上，就是以「人」為中心的教育（楊亮功，
1987）。以人文主義為中心思想，透過教育所建立的一種文化素養，就
是所謂的人文素養。人文精神是中華文化的支柱，也是維繫倫理道德
的基石。人文一詞，最早見於《易經》，所謂：「觀於人文，以化成天
下。」《孟子・滕文公上篇》說：「人之有道也，飽食煖衣，逸居而無
教，則近於禽獸。聖人有憂之，使契為司徒，教以人倫，父子有親、
君臣有義、夫婦有別、長幼有序、朋友有信。」又說：「夏曰校，殷
曰序，周曰庠，學則三代共之，皆所以明人倫也。」因此自至聖先孔
子以來，歷代的思想家，都特別重視「以人為本」的教育思想。
　　儒家思想是中華文化的主流，自孔子、孟子建立了完整體系以

後，迄今已歷兩千餘年。在世界文化史上，一直居於重要地位。我們可以從《論語》、《孟子》、《大學》、《中庸》四書中，瞭解到儒家學說不僅具有完整的理論體系，而且提示了切實可行的為人治事的原則。梁啟超先生曾說：「中國民族之所以存在，因為中國文化存在，而中國文化離不了儒家，若把儒家抽出，中國文化恐怕沒有多少東西了。」（《儒家哲學》，一九二七年在清華大學的講義）正說明了儒家思想，不僅是我們精神生活的全部，而且是我們修齊治平的準繩。

三 閱讀《論語》，以培育人文素養

橫邁古今，跨越西東，學習的天空，是無限的寬廣。兩千多年前，至聖先師孔子猶如掌舵的舟子，引領學生駕馭著《六經》園地的風帆，乘長風破萬里浪，悠遊在古聖先賢經典的源頭活水中，期許三千莘莘學子勤展良書卷，以智慧的言語、經典的話語，來陶冶心性及增長見聞，進而提升自己的德業修養。過盡千帆，有七十二位學子航向成功之目標，而成聖成賢。讓我們一同隨著時光的航道，漫溯《論語》的故鄉，汲取孔子教育的典範，傳承孔子樂道的精神，並且作為今日教育改革的針砭。

（一）創意思考教學的啟發

或許是緣分的牽引，在遙遠的春秋時代，許多有志向學的青年學子，帶著簡單的行囊及一束肉乾，不畏路途的迢遙，抱著「有朋自遠方來，不亦樂乎」的理念，到魯國山東曲阜孔家村來拜師學習。在一片松柏蓊鬱的杏壇裡，傳來琅琅的讀書聲，一位令人「望之儼然，即之也溫，聽其言也厲」的博學鴻儒，正在講堂上為學生們講授「仁道」的旨趣為何？弟子們正全神貫注的在聆聽孔子所傳承的義理，孔

子以「二人相親相愛」來詮釋「仁」的真諦。並且讓學生提問,一向不違如愚,卻有聞一知十才智的顏回,首先提問,接著子張、子貢都提出「實踐仁德的方法為何?」孔子一一為弟子們解答疑惑,並且不一其辭。

綜觀《論語》中孔子所敘述的「仁」,包含孝弟、不巧言令色、克己復禮、對人恭敬、做事敏捷、施惠給人……等美德,幾乎涵蓋人類各種德行的表現,從為人子女孝順父母、友愛兄長做起,孝弟是行仁的根本,勉勵仁者要從根本下功夫;在言談舉止上,不說花言巧語、不以諂媚的態度待人處世;更重要的是沒有仁德之心的人,即使有高雅純正的禮樂教化,也無法改變他的言行修為,足證孔子認為仁是所有善行的根源。由上述可知,「仁」潛藏在每個人的內心深處,是不假外求的,是每個人內在品德涵養的結果,並且照亮整個中國族群。

因材施教,可以掌握學生的動向;循循善誘,可以使教材、教法生動活潑化,以引發學生的學習興趣。創意思考能力的啟發,是學校教育主要目標之一,早在二千多年前,我國至聖先師孔子在《論語》一書中便說:「學而不思則罔,思而不學則殆。」宋儒程頤也說:「博學、審問、慎思、明辨、篤行,五者缺一不可。」這是勉勵學生求學時務必學思並重,教育家杜威(John Dewey)也說:「學由於行,得由於思。」強調優良的教學貴在能培養學生良好的讀書習慣,以及獨立思考的能力。的確,思考方法是可以學習的,思考能力可以經由教育而予以提高,因此創造思考教學是非常重要的。發問技巧與思考教學有密切的關係,因為發問之後,學生須運用心智去尋求答案,這也就是孔子所說的:「不憤不啟,不悱不發,舉一隅,不以三隅反,則不復也。」因此每位教師要突破傳統注入式教學法的瓶頸,運用創造思考教學法,來提升學生對問題的思辨能力。

（二）終身學習的典範

「有教無類」、「因材施教」的教育理想，彰顯孔子對理想的執著。孔子一生淡泊名利，終日孜孜不倦於治學與教學上，他自己曾說在進德修業上的歷程是循序漸進，從十五歲開始就發憤圖強，立志向學，三十歲學業精進，卓然有成，四十歲通達事理，沒有疑惑，一直到七十歲的的隨心所欲，不踰越法度。可知孔子一生於自我之進德修業是努力不輟，好古敏以求，並且以「學而不厭、不恥下問」的態度去學習各項新知，以開拓自己的知識領域，最後成為感通人類、洞明世事、潤化萬物的一代大儒，所以孟子推崇孔子是「聖之時者也」。

孔子並且說自己在鑽研學問上，已經達到廢寢忘食的地步，也忘卻自己老之將至，從孔子研讀《易經》到韋編三絕的境界可以得到佐證，孔子堪稱終身學習的最佳典範。弟子們在孔子「學而不厭，誨人不倦」的精神感召下，都能認真學習，並且學有所成。

在知識經濟蓬勃發展的時代，唯有提高人力素質，才能迎接各項挑戰與開拓新局。要提升國民的素質，拓展宏觀的視野，以培養開闊的胸襟，首要之途就是要灌輸青年學子終身學習的理念，莊子說：「吾生也有涯，而知也無涯。」所以學識的獲得是永無止境的，若一個人在工作之餘，不忘記「日知其所無，月無忘其所能」，學識必定是日益精進的，對自己所從事的職業定有莫大的助益。因此學校教育的願景，應該以科技與知識為經，以全民學習為緯。人人以活到老，學到老的精神，激發自己的潛能及創造思考力，來建立終身學習的社會為鵠的。

（三）美善人格的彰顯

教育的熱忱，促使孔子開創私人講學的風氣，並且推動學術大眾

化的目標：一方面是為實現仁政德治的理想，進而培養才德兼備的治世能人；另一方面是教人立身處世之道，就是要加強倫理道德思想，以促進自我修養的工夫。所以孔子說：「興於詩，立於禮，成於樂。」（《論語·泰伯篇》）「詩」、「禮」、「樂」是孔子平日教導學生的重要教材，並且說到了一個國家，從人們言談舉止的表現，就可以看出他們受到什麼教化？如果國民具有溫柔敦厚的氣質，那就是得力於詩的教化；如果國民心胸開闊平和，那就是得力於音樂的教化；如果國民態度謙遜莊重，那就是得力於禮的教化。因此孔子也以「不學禮，無以立；不學詩，無以言」來勉勵兒子，由此可知經由經典的啟發，可以契入知識的融通，在佈乎四體，行乎動靜後，可以培養美善的人格特質。

孔子在休閒時，喜歡與弟子們閒話家常，傾聽弟子抒發個人的抱負，有一天子路、子貢，公西華侃侃而談自己的志向，當時正在一旁彈琴的曾點，也表明心志，描述出「浴乎沂，風乎舞雩，詠而歸」的情景，暮春三月，春暖花開，五、六個成人與六、七個童子結伴出遊，到沂水邊洗澡，到舞雩下乘涼，沐浴著溫暖的陽光，欣賞大自然的美景，然後大家一起唱著歌回家，這是一幅多麼吸引人的春遊畫面，顯現出安寧平和的世界，與孔子主張「仁」的道德情境相符合，因此孔子由衷的讚許曾點「澹泊以明志，寧靜以致遠」的人生境界。

《禮記·樂記篇》上說：「安上治民，莫善於禮；移風易俗，莫善於樂。」可見自古以來，健全的體魄，寓於健全的心靈，在靜態方面，可經由藝術、文學、音樂等交流活動，以陶冶心性，充實生活內涵，增加生活情趣。在動態方面，可以走出室外，接觸大自然，藉著登山、郊遊、旅行等活動筋骨，擴展視野，嘯傲於青山綠水間，可以滌盡煩憂，學習山的包容與海的豁達，進而使身心保持平衡，情感理智得到和諧發展，重新燃起奮發向上的生命力，以開創人生的光明面。

（四）人文關懷的落實

　　人文的關懷，是維繫倫理道德的基石。因此孔子教導弟子，父母在世時，為人子女就要冬溫夏清、昏定晨省、克盡孝道；到父母離開人世，要依照世俗的禮節來安葬他們、來祭祀他們，這也就是《禮記・禮運》上所說：「禮義也者，人之大端也……所以養生送死、事鬼神之大端也。」說明禮義是每個人立身處世的根本，人類以禮義為推動道德的原動力，它維繫了人類良好的人倫關係，使人們養生送死都合乎禮節。由此可見，禮義是維繫人倫社會的圭臬。儒家所談的禮不但通於道德，更包括了祭祀之禮，也是孝道的延伸與擴大。

　　孔子說：「吾不與祭，如不祭。」（《論語・八佾篇》）說明孔子在祭祀祖先時，以虔誠恭敬的態度及敬畏的心情投入祭祀中，好像祖先「洋洋乎如在其上，如在其左右」（《中庸》），肯定已去世的祖先，仍然如一般人真實的存在於人世間，可以福佑子孫，表示孝子不忘本，一舉足不敢忘記祖先，一出言不敢忘記祖先的存在。有這樣的孝思，上行下效，社會的風俗道德定會日趨於純樸篤厚，不但能夠興起仁愛的風氣，也能夠讓後代子孫在戒慎恐懼中，體認生命存在的價值。

　　青年學子正處於青春期，往往從父母、師長及同學的肯定中，找出自己的定位，所以他們渴望被瞭解、受重視，卻不願受到過多的保護與束縛，因此在情緒上常有失控的現象。益之以辨別是非能力薄弱，血氣方剛，行為莽撞，比較容易發生暴力或自戕的行為。「天不生無用之人，地不長無根之草」，因此教師教導學生的重要目標，就是使「人盡其材」，鼓勵學生發揮自己的特長，不以成績分數的高低衡量學生的成就，幫助學生瞭解自己，建立自信心，並且培養「欣賞別人，看重自己」的襟懷。生命教育的第一步，就是要教導學生先認清自己，瞭解自己本身的優缺點之後，再肯定自己，發揮自己的特

長，好好珍惜自己的生命，無忝爾所生，以開創人生的光明面。因此鼓勵學生發展自我的潛能，不妄自菲薄，是為人師表者，應該具備的教育信念。

四 結論

在《論語》一書中，蘊涵著孔子的教育思想，傳承著瑰麗的儒家文化，我們隨著孔子的足跡，踏上這趟文化之旅，穿越時空的隧道，神遊於中國文化之精髓與教育活動之軌跡，讓我們不僅見到中國文化「宗廟之美，百官之富」的堂奧，咀嚼著禮樂文化秀麗的華實，不禁使我們感懷不已。感懷的是，「天不生仲尼，萬古如長夜」，至聖先師孔子猶如一顆彗星，照亮中華文化的前程，開啟我國私人講學的先河，奠定了儒家學說的理論基礎，而孔孟學說更是垂教萬世的金科玉律及為人處世的典範。

在知識蓬勃發展的廿一世紀，教育已成為運籌帷幄、決勝千里的關鍵，而教育改革，更是國家永續發展，提升競爭力的磐石。目前我們所要面臨的是源遠流長的人文教育思想，與瞬息萬變的科技文明的衝擊。因此每位為人師表者，應該以教育家劉真的名言：「樹立師道的尊嚴，發揚孔子樂道的精神」來自勉，體察時代的需要，掌握社會的現況，來推動教育改革，使今後我國教育的發展，一方面能發揚儒家傳統的人文精神，以匡正人心、改善社會風氣；一方面能適應國際化、資訊化的時代，以培育具有全方位能力的時代青年，進而提升國家的競爭力。

參考文獻

楊亮功著　教育部主編　《人文教育十二講，人文主義與教育》　臺
　　　北市　三民書局　1987年
梁啟超　《儒家哲學》　1927年在清華大學的講義

推動閱讀教育，以提升人文素養*

一　前言

　　社會的變遷與時推移，科技的文明日新月異，而通往未來安定繁榮之鑰的教育，更是推動國家進步發展，增進人民福祉的基石。誠如美國教育家杜威（J.Dewey）在〈教育與社會變遷〉一文所說「學校的確能夠決定未來的社會秩序，所以現在的問題已經不是學校應否創造未來社會，而是學校如何負起責任，秉具最高的智慧創造未來的社會」這段深中肯綮的言論，正說明了教育是推動社會進步的原動力。

　　1985年聯合國教育科學文化組織（UNESCO）第四次國際成人教育會議宣言，特別強調學習權的概念，並界定為：「學習權就是：閱讀和書寫的權利。提出問題和思考問題的權利；想像和創造的權利；瞭解人的環境和編寫歷史的權利；接受教育資源的權利；發展個人和集體技能的權利。」在追求多元化、全球化的教育目標下，學習的行為的確是教育活動的重心。

二　推動閱讀教學，以提升人文素養

　　閱讀是我們探索作者心靈世界，釋放自己想法的最佳途徑。唐朝詩人杜甫說：「讀書破萬卷，下筆如有神。」（杜甫〈奉贈韋左丞丈二

---

*　本文刊載於2013年8月《商業職業教育》季刊。

十二韻〉）的確，多閱讀課外讀物，可以擷取書中的精華，以增廣自己的見聞，來激發自己創造思考的能力。茲臚列技職學校推動閱讀教學以提升人文素養的方法，如下：

（一）加強圖書館利用教育，以推動終身學習理念

圖書館是書香社會的搖籃，它蘊藏國家文化的資源，負有推展社會教育的責任，並且指導個人讀書的門徑和研究的方法，所謂「大漢文章出魯壁，千秋事業藏名山」（臺灣國家圖書館楹聯），正說明圖書館是發揚文化，傳播知識最重要的基層事業。

臺灣國家圖書館前館長莊芳榮說：「閱讀是一扇打開通往古今中外的大門，可以跨越時空、打破人際藩籬、打造心靈地球村，而且通過閱讀可以激發想像力與創造力、創造無限寬廣的成長空間。」（《全國新書資訊月刊》，2003）的確，閱讀是增進多元智能的基本要件，同時可以刺激大腦神經的發展，增強個人的組織能力，並且將古聖先賢的智慧結晶，轉化為自己的知識。

隨著教育改革的脈動，圖書館利用教育已成為追求卓越知識的原動力。近年來，圖書館利用教育已經從推展教育的附庸，逐漸成為高中職圖書館經營的重點項目。圖書館利用教育包含學生整套的治學過程，因此應該與教學活動相輔相成，培養學生的治學能力與良好的閱讀習慣，並且知道怎麼利用工具書，讓學生能夠自行查到需要的答案，以及能夠寫作標準的讀書報告。圖書館利用教育的成敗，實繫於教師觀念的溝通及積極熱心的參與，所以每位教師應指導學生善用圖書館，以落實「終身學習」及書香社會的目標。

（二）培養良好閱讀習慣，以拓展宏觀視野

臺灣 IC 教父張忠謀說：「一輩子最難忘的，還是美國哈佛大學第

一年的人文教育。不但開啟了西洋古典文學的堂奧，更體驗了什麼才是『活的學問』，也就是透過觀察、閱讀、學習、思考和嘗試這五部曲，不斷在現實中找線索，發掘問題、思索對策，進而完成任務。」因為博雅的閱讀，不但使張忠謀成為一個全方位的企業領袖，更證明了閱讀是可以帶走的饗宴（《天下雜誌》，2002）因此在科技文明一日千里的時代裡，多元的閱讀不但可以增長見聞，更可以拓展宏觀的視野。例如、閱讀《商業周刊雜誌》，可以瞭解 IBM 董事長葛斯納的管理哲學與實務：「我們該做的每一件事，都由市場指引」、「我深信品質、強大的競爭策略和計畫、群策群力、績效報酬及道德責任十分重要。」「我要的是勇於解決問題和幫助同事的人，鉤心鬥角的政客會被我拿來開刀。」這的確是一針見血的高論，可以提供大家為人處世的借鏡。（《商業周刊》，787期，2002）

美國耶魯大學教授卜倫說：「閱讀的用處之一，就是讓我們對生命的變化有所準備。」《講義雜誌》的刊頭詞上也說「生命的幸福饗宴，一篇文章就可能改變你的一生。」的確，開啟良書卷，透過大量的閱讀，不但可以增長見聞，累積學識，更可以培養高雅的情操。例如、閱讀〈靜思講義〉：「微笑是最祥和的語言」、「用愛面對每一天、每一個人、每一件事，心中就不會堆積煩惱，世間紛爭也會減少。」「不要因一句無心的話而傷了別人，也不要因別人無心的一句話就被傷害。」（《講義雜誌》，2002）讀了聖嚴法師的《靜思語》，不但可以法喜充滿，懂得自我省思及自我要求，更可以啟發更多的慈悲心，以及培養高雅的素養及涵養，使自己的人生日趨完美。

（三）閱讀傳記文學，以塑造高尚人格

透過傳記文學優美生動的妙筆，將偉人的人格狀貌、行誼、功業、人生理想等項，一一呈現讀者眼前，使學生由認知層次，提升為

篤實踐履。並且可藉由古聖先賢的智慧結晶及字字珠璣，引領學生開啟中國文學的堂奧。例如，在〈留侯論〉一文中，蘇軾再三強調「忍」字為人們生命中不可或缺的原動力，並且剖析「卒然臨之而不驚，無故加之而不怒」的大勇與「拔劍而起，挺身而鬥」的小勇之區別，在於能「忍小忿而就大謀」。由此二者之分判，為人師表者就應該以史為鑑，教導學生探索生命的意義、人生的意義、宇宙的真理、生活的目的……等問題。使少不經事的青少年經由老師的解析與引導，對大哉問的「生命意義與價值」不斷的去思維探索，並且不受不良書籍雜誌、不當的大眾傳播媒體片面資訊的誤導，而走入自取滅亡或自暴自棄的人生旅途。

學生經由閱讀經典名言，領悟到生命的成長、智慧的成熟乃至悟境的提升、生命意義的持續開展，需經過千錘百練，所謂：「能受天磨方鐵漢，不遭人嫉是庸才。」在遇到挫折與苦難時，可以學習以平和之氣、忍耐的態度反省自我，接受挫折之挑戰，所謂：「忍一步則海闊天空，讓三分則風清雲淡」，並且記取教訓，以忍耐來磨練自己的心性；以經典名言增長自己的智慧，進而開拓自己宏觀的視野。

(四)閱讀儒家思想，以培育人文素養

中國文化的主流向以儒家思想為中心，要認識儒家思想，必先研讀孔孟學說。孔孟學說「致廣大而盡精微，極高明而道中庸」，是我國學術思想的主流，代表了中華民族最高的人生智慧。尤其是《論語》一書，記載著孔子豐富的人生體驗，章章孕育著深刻的人生哲學，所以成為垂教萬世的金科玉律及為人處世的典範。

孔子的中心思想為「仁」，主張把仁愛精神由父母之愛推廣到全人類，由親親、仁民以至於愛物，進而達到世界大同的目的。這一崇高偉大的儒家倫理道德思想，正是中華文化精神的所在，也是中華民

族所以克大克昌，悠久綿延的根基。孔子在教育上，非常重視個人德性的修養，尤其是孝弟之行，孔子上承五倫之教，教導弟子要做到「入則孝，出則弟，謹而信，汎愛眾，而親仁。行有餘力，則以學文。」而且孔門四科，「德行、言語、政事、文學」，以德行科居首，視孝弟之德教，重於文學之涵養。

孔子儒學是中國文化的主軸，孔子認為說話信實，行為忠誠是人們應具有的道德規範。在人格修養的過程中，孔子教育弟子從先代的典籍遺文中，一方面學習正面的嘉言善行，也記取反面的失敗教訓，用以砥礪德性，增廣見聞，以提升人民的道德素養，進而培養忠君愛國、孝順父母、兄友弟恭、敦親睦鄰的好國民。「忠、信」兩者都是為人處世、立身行事的根本，既是內心的修養，也是人格的造就。因此，孔子教導弟子樊遲在平日的生活起居與應對進退中，就要保持恭敬謹慎的態度，面對社會錯綜複雜的人際往來，便能明哲保身進退得宜。對每一件事情，秉持認真負責的態度去完成；與他人相處，忠誠信實，自然到處受人歡迎，這也就是孔子教育弟子樹立良好人際關係的重要圭臬。從《論語》中，可見孔子與弟子們的嘉言與懿行，禮儀或行為規範的學習，是孔子指導學生德行修養的重要一環，在周旋揖讓之間所顯示的謙恭與從容的禮儀，讓我們能夠見賢思齊，修養高尚的品德，以陶冶身心改變氣質。

三　加強閱讀教學，提升寫作能力

在廿一世紀知識經濟發達的今天，每位青年學生應該珍惜青春年華博覽群籍，並且吸取書中的精華加以融會貫通，如此才能學有所得，培養批判性思考（critical thinking）的能力，進而表達在寫作及應對進退上。胡適說：「文學有三個要件：第一要清楚明白，第二要

能夠動人，第三要美。」（胡適〈致錢玄同〉，《胡適全集》第23冊，
《書信〔1907-1928〕》）正說明了現代文學不僅是用我手寫我口，而
且要求淺顯明白，讓人一目瞭然，並且內容要真實生動，具有優美的
內涵，耐人尋味。寫作手法或策略得以具體發展的一種重要方式，除
了創造思考力外，「結構組織」包括修辭能力：辭采的典雅或粗俗，
舉例或比較是否恰當等等，也與思維的活動環環相扣，二者必須相輔
相成。教師不妨讓學生多加練習，增加學生組織資料的能力，藉以充
實文章的內容。簡述提升學生寫作能力的要點，如下：

（一）基本句型與遣詞造句的訓練

《文心雕龍・章句篇說》說：「夫人之立言，因字而生句，積句
而為章，積章而成篇。」說明文章寫作中，分為單字、句子、章節等
要件。由字構成「詞」，由詞構成「詞語結構」，由遣詞造句構成一篇
「文章」。基本句型與遣詞造句的訓練，是構成一篇文章的有機體。
主要在訓練學生是否能準確流暢的運用語詞、造句的基本能力。人們
使用語言文字進行交流、傳遞信息，通常就是以句子做為最基本的單
位。因此如何訓練學生準確流暢的運用語詞來造句，藉以養成良好的
書寫表達習慣，是提升學生語文教育與作文能力的重點。因為廣泛的
閱讀，可以提供學生豐富多樣的知識內容，並且做為寫作活動可能的
材料。

（二）創意思考的訓練

發展學生思考能力是學校教育主要目標之一，早在二千多年前，
我國至聖先師孔子在《論語》一書中便說：「學而不思則罔，思而不
學則殆。」宋儒程頤也說：「博學、審問、慎思、明辨、篤行，五者
缺一不可。」這是勉勵學生求學時務必學思並重，杜威（John Dewey）

也說：「學由於行，得由於思。」美國教育家克柏萊強調，優良的教學貴在能培養學生良好的讀書習慣以及獨立思考的能力。的確，思考方法是可以學習的，思考能力可以經由教育而予以提高，因此創造思考教學是非常重要的。

針對目前學生較不擅長的破題、發想、融合生活經驗等議題，教師應提供閱讀寫作單元，精選重要名家散文，讓學生多讀多寫，以加強學生寫作能力。透過引導寫作的形式，測驗學生針對主題，能夠寫作一篇結構完整的文章。至於遣詞造句、篇章組織等寫作技巧，則可透過廣泛閱讀，觀摩名家作品，以及勤加練習等方法來培養。

（三）加強閱讀作文的寫作

閱讀作文有點類似引導式作文，只是前者提供的材料和作文內容緊密度更勝於後者，後者給的大致上是一個方向，而前者則要你讀完之後寫出感想、看法、或啟示甚至仿作、綜合創作、或評論、歸納、濃縮、再造……。讀後感是在「閱讀」後引發「感想」，須確實閱讀完整篇文章，掌握主題、內容、立意，下筆時最好先簡述文章重點、大要，但不是重新覆述。重點在「感想」，所以必須以感想為主，要有深刻體會及獨到的見解，發人所未發而且合情合理，才是最好的讀後感。舉例說明如下：

範例一

港星周潤發主演的電影孔子，目前正在中國各地放映，賣座雖然比不上好萊塢大片《阿凡達》，但是這部正面評價孔子的電影，受中國當局重視所透露的意義，很值得觀察。

孔子一片由官方出資拍攝，過程中沸沸揚揚，首映前大肆宣揚，相對於四十多年前中國文革期間「批孔揚秦」風暴，而今全面尊孔，

其間差距不可以道里計。中國官方的主要用意,是希望超過五億人的四十歲以下網路族,能夠藉此認識孔子並研讀《論語》,有助「和諧社會」的推動。

無讀有偶,日本也掀起一股「《論語》」熱。企業界開始重視「《論語》教育」;許多《論語》的相關書籍暢銷熱賣,包括給兒童讀的《論語》、讓高中生感動的《論語》,到「《論語》熱」,研讀的社會大眾也明顯增加。

經過二十年的失落,日本人是否能從《論語》中找到重新出發的方向和行動指針,猶待觀察。然而,《論語》確實是一部好書,兩千五百年來提供了端正人心的指導方向,多年來在臺灣卻被忽視。如果再不重新拿出《論語》,認真研讀,學習其處世之道,有一天恐怕得要向日本人學《論語》了。

參考資料:〈孔子和《論語》的價值〉,〈國語日報・日日談〉,2010年
　　　　　2月7日

引導說明

1. 閱讀應該是一件快樂的事,請用最放鬆的心情,遨遊書中的世界,融入閱讀內容中。閱讀時,將文章的精彩片段,摘錄下來,並抒發感想。

2. 以精簡的文字交代書本的內容,讀書感想有一個很重要的部分,就是內容摘要。在整篇閱讀感想中,摘要最好只佔四分之一左右的篇幅。不失故事的本意,又要用簡短的文字摘下重點,這是一種文章「縮寫」的功夫。

3. 一本書包含許許多多不同的知識和想法,不管別人怎麼介紹這本書,在寫讀後感想時,可以從不同的觀點去看書中所傳遞的訊

息，並且提出自己心中真正的想法。請寫一篇敘述〈孔子和論語的價值〉一文的讀後感。

範例二

「天不生仲尼，萬古如長夜」，至聖先師孔子猶如一顆彗星，照亮中華文化的前程，開啟了我國私人講學的先河，奠定為人師表崇高的地位。中國文化的主流向來以儒家思想為中心，要認識儒家思想，必先研讀孔孟學說。尤其是《論語》一書，記載著孔子豐富的人生體驗，孕育著深刻的人生哲學，所以成為垂教萬世的金科玉律及為人處世的典範。

孔子的中心思想為「仁」，主張把仁愛精神由父母之愛推廣到全人類，由親親、仁民以至於愛物，進而達到世界大同的目的。這一崇高偉大的儒家倫理道德思想，正是中華文化精神的所在，也是中華民族所以克大克昌，悠久綿延的根基。孔子在教育上，非常重視個人德性的修養，尤其是孝弟之行，孔子上承五倫之教，教導弟子要做到「入則孝，出則弟，謹而信，汎愛眾，而親仁。行有餘力，則以學文。」孔子在教育上最偉大之主張及貢獻，就是「有教無類」「因才施教」之精神。

接受新文化，是時代的潮流，也是必然的趨勢。但是，值得我們深思的是，接受新文化，也應該發揚光大優良的傳統文化，尤其是孔子的思想學說，至今還活在每一個中國人的內心深處。因為儒家的思想，不但是中國文化的特徵，而且是中國現代思想的主流。

參考資料：謝淑熙〈弘揚倫理道德應熟讀《論語》——為紀念孔子誕辰而作〉

閱讀是推動國語文教育中不可或缺的一種學習方法。教科書正是操演這種學習方法的最佳工具。閱讀教科書除了要理解書中的學科內容以外，也要引導學生邏輯推理與多元思考的能力。課外讀物之選材，宜求文字難易適中，內容賅博周洽，思想新穎深刻，文學樣式多元，並使學生能自行閱讀吸收，以作為範文教學之補充。「工欲善其事，必先利其器」並且要引領學生善加利用圖書館，以提升資料彙整的能力。

尤其在廿一世紀知識經濟發達的今天，每位青年學生應該珍惜青春年華博覽群籍，吸取書中的精華加以融會貫通，並且培養批判性思考（critical thinking）的能力，進而表達在寫作及應對進退上。宋朝大儒歐陽修說讀書有三多：「三多就是看多、做多、商量多」，書是知識的泉源，也是古聖先賢智慧的結晶，猶如長江水滾滾東流，灌溉我們的心田，希望大家能勤啟良書卷，以激發「風簷展書讀，古道照顏色」的思古幽情。

四 結論

記得林語堂博士在《勵志文集》勉勵青少年的一段話說：「一般青年人，無意多讀書，多思想，而不想在報章雜誌、書籍中，盡量攝取各種寶貴的知識，真是最可憐，最可惜的一件事，他們不明白，他們所拋擲的東西，在別人得之，可以成為無價之寶，可以使生命成為無窮豐富的種種資料呀！」（美國學者馬爾藤博士著、林語堂譯《勵志文集》）《天下》雜誌二六三期開宗明義篇就說，全世界的先進國家在為進入二十一世紀所做的準備，都將教育列為國家最優先的議題，而教育的改革沒有捷徑，只有方法，那就是「藉由閱讀的養成，培養公民終身學習的能力，作為知識經濟競爭的基礎。」有鑑於世界各國

紛紛以推廣閱讀來打破先天或後天的不平等，《天下雜誌》教育基金會在二〇〇四年啟動「希望閱讀」計畫，藉由推廣閱讀的習慣，來幫助下一代建立終身學習的基礎。

英國教育部長布朗奇（David Blunkett）說：「每當我們翻開書頁，等於開啟了一扇通往世界的窗，閱讀是各種學習的基石。在我們所做的事情中，最能解放我們心靈的，莫過於學習閱讀。」（《天下雜誌》263期，2002）正說明了閱讀是心與心的交流，是保持生活躍動，永不寂寞的妙方。閱讀的習慣在年輕時就要養成，寫作的種子也應在年輕時代就埋下。因為有思想的人，才有內涵，有智慧的人才有品味，唯有多看多學，才能使智慧增長。有一句話說：「昨日已成歷史，明日仍是未知，而當下是上天給的禮物。」活在當下，更可以超越時間的侷限，而在時代的洪流中，留下屬於自己的印記。因此希望大家要培養閱讀的習慣，努力充實自我，使自己成為知書達禮具有全方位能力的時代青年，進而營造一個溫馨和諧的書香社會。

參考文獻

《胡適全集》　合肥市　安徽教育出版社　2003年

美國・馬爾藤博士著　林語堂譯　《勵志文集》　臺南市　西北出版社　1982年

《天下雜誌》海闊天空教育特刊　263期　2002年11月15日

余秋雨　《新文化苦旅》　臺北市　爾雅出版社　2008年

洪　蘭　〈培養正確表達意思的能力〉　《天下雜誌》網站　2009年6月15日 http://reading.cw.com.tw/

梁啟超　《儒家哲學》　1927年在清華大學的講義

楊亮功　《人文主義與教育》　臺北市　三民書局　1987年

郭俊賢、陳淑慧譯　《多元智慧的教與學》　臺北市　遠流出版公司
　　　1999年

閱讀教學與人文素養[*]

一　前言

　　教育是希望的工程，學校是慧命的搖籃，我們必須以道德文化作基礎，用資訊科技作守護慧命的磐石，以迎接二十一世紀資訊科技發達的多元化時代。網際網路已成為新世紀競爭的關鍵；終身教育，則是走出知識迷宮的指南。曾任美國國會圖書館館長的一位美國學者撰文指出：「像電視、廣播這些媒體所提供給我們的，往往只是短暫的資訊；惟有書本，才能提供給我們長期的智慧和知識。」這的確是足以發人深省的言論。在科技文明日新月異的時代裡，要提升國民的素質，就要落實終身學習的教育目標，全面推展學習型組織，培養能夠終身學習的國民，並積極推動全民閱讀運動，以提升知識競爭力。面對多元文化社會的變遷，我們必須提供多樣化的教材，引領學生懂得明辨是非、思考問題，有能力活用知識來解決問題。

　　人文精神是中華文化的支柱，也是維繫倫理道德的基石。人文一詞，最早見於《易經》，所謂：「觀於人文，以化成天下。」《孟子‧滕文公上篇》說：「人之有道也，飽食煖衣，逸居而無教，則近於禽獸。聖人有憂之，使契為司徒，教以人倫，父子有親、君臣有義、夫婦有別、長幼有序、朋友有信。」又說：「夏曰校，殷曰序，周曰庠，學則三代共之，皆所以明人倫也。」因此，自至聖先孔子以來，歷代的思想家，都特別重視「以人為本」的教育思想。

---

[*]　本文發表於2013年8月9日第四屆世界華語學校圖書館論壇（福建）。

　　儒家思想是中華文化的主流，自孔子、孟子建立了完整體系以後，迄今已歷兩千餘年。在世界文化史上，一直居於重要地位。美國現代歷史哲學家杜蘭博士（Dr. Will Durant）在他所著《Our Oriental Heritage》一書中說：「中國歷史可以孔子學說影響來撰述。孔子著述，經過歷代流傳，成為學校課本，所有兒童入學之後，即熟讀其書而領會之。此一古代聖哲的正道，幾乎滲透了全民族，使中國文化的強固，歷經外力入侵而巍然不墜；且使入侵者依其自身影響而作改造。即在今日，猶如往昔，欲療治任何民族因唯智教育以致道德墮落，個人及民族衰弱而產生的混亂，其有效之方，殆無過於使全國青年接受孔子學說的薰陶。」這一段深中肯綮的言論，證明孔孟學說中的倫理道德，的確具有新時代的意義。我們可以從《論語》、《孟子》、《大學》、《中庸》四書中，瞭解到儒家學說不僅具有完整的理論體系，而且提示了切實可行的為人治事的原則。

二　閱讀教學與人文素養

　　南宋哲學家朱熹指出對於重要的閱讀材料，應認真、仔細的精讀，熟讀精思，循序漸進；虛心涵詠，切己體察；著緊用力，精神振奮；居敬持志，標記精讀，深入理解其中的內容要點，如此才會學有所得。的確，廣泛的閱讀，可以提供學生豐富多樣的知識內容，並且做為寫作活動可能的材料。茲將閱讀教學有助於人文素養提升的方法，臚列如下：

（一）加強圖書館利用教育，以推動終身學習理念

　　閱讀是增進多元智慧的基本要件，同時可以刺激大腦神經的發展，增強個人的組織能力，並且將古聖先賢的智慧結晶，轉化為自己

的知識。為了因應資訊革命帶來的知識進步，閱讀運動已經在全球如火如荼的展開，散布全球的圖書館則扮演推動閱讀風氣的關鍵性角色。美國圖書館協會會長麥可爾‧戈曼（Michael Gorman）說：「圖書館是一個學習與文化的處所，並表現出社會良善的一面，必須鼓勵所有人民經常涉足。」因此，如果每個人都能善用圖書館，一定可以改善社會的讀書風氣。

美國管理大師彼得‧聖吉在〈第五項修練〉（The Fifth Discipline）一書中指出：「透過學習，我們重新創造自我；透過學習，我們能做以往未能做到的事；透過學習，我們重新認識這個世界和我們跟它的關係；透過學習，我們擴展我們的創造力，這是生命生生不息過程中的部分。」（Senge 原著，郭進隆譯，1996年）的確，迎接學習社會的來臨，圖書館利用教育已成為開啟知識寶庫的鑰匙。隨著教育改革的脈動，圖書館利用教育已成為追求卓越知識的原動力。近年來，圖書館利用教育已經從推展教育的附庸，逐漸成為高中職圖書館經營的重點項目。

圖書館利用教育有下述幾點功能：1.培養個人具有尋找及利用圖書館的資源和設備的能力。2.擴大個人學習的領域。3.增進個人自學的能力。4.啟發個人閱讀的興趣。5.培養個人正確的閱讀方法與閱讀習慣6.倡導正當的休閒生活（楊美華〈迎接學習社會的來臨〉，1998年）由上述可知，圖書館利用教育包含學生整套的治學過程，因此應該與教學活動相輔相成，圖書館利用教育的成敗，實繫於教師觀念的溝通及積極熱心的參與。所以每位教師應指導學生善用圖書館，以發揮圖書館利用教育的功效。

（二）閱讀優美詩篇，以培養高雅情操

美國耶魯大學教授卜倫（Bloom）說：「閱讀的用處之一，就是

讓我們對生命的變化有所準備。」《講義雜誌》的刊頭詞上也說「生命的幸福饗宴，一篇文章就可能改變你的一生。」的確，開啟良書卷，透過大量的閱讀，不但可以增長見聞，累積學識，更可以培養高雅的情操。

中華民族五千年的悠久歷史，源遠而流長，載浮著古聖先賢的智慧結晶，孕育了美麗璀璨的詩篇，優美動人的韻律，更憑添中華文化綠意盎然的色彩。古代君王原是以詩來「經夫婦，成孝敬，厚人倫，美教化，移風俗」的（〈毛詩序〉）；中唐大詩人白居易說：「詩者，根情、苗言、華聲、實義。」（白居易〈與元九書〉）說明了詩歌乃是言情達義，且具有音樂性、感染性的韻文。的確，沉潛在詩詞的領域中，那綺麗的千古絕唱導入心田，可以怡情養性，啟迪人生。孔子說：「溫柔敦厚，詩教也。」（《禮記‧經解篇》）所以在詩詞的教學上，鑑賞與分析，不但可以陶冶學生的性靈，並且可以使學生在潛移默化中，培養高雅的情操及發思古的幽情。

例如《詩經‧蓼莪篇》：

> 蓼蓼者莪，匪莪伊蒿，哀哀父母，生我劬勞！
> 蓼蓼者莪，匪莪伊蔚，哀哀父母，生我勞瘁！
> 缾之罄矣，維罍之恥。鮮民之生，不如死之久矣！
> 無父何怙？無母何恃？出則銜恤，入則靡至。
> 父兮生我，母兮鞠我，拊我畜我，長我育我，
> 顧我復我，出入腹我。欲報之德，昊天罔極！

這首詩是描寫孝子思念親人，有感而發的作品。首章藉蓼、莪起興，開啟下兩句父母生我、育我的辛勞。二章章法、意義都與首章相同，只是把韻換了，反覆詠嘆同一主題，使孝子思親的情懷更加深

刻。三章以「缾之罄矣，維罍之恥」起興，敘述為人子女未能終養父母的悲痛。四章直述父母養育子女的辛勞，點出作者傷痛的原因，是由於「欲報之德，昊天罔極！」這首詩內容真摯感人，可以引起學生情感和意志的反應。所以孔子勉勵弟子學詩之言：「詩可以興，可以觀，可以群，可以怨；邇之事父，遠之事君，多識於鳥獸草木之名。」（《論語·陽貨篇》）正說明了詩教的功效，不但可以培養溫柔敦厚的氣質，更能培育知書達禮，孝親忠君，具有民族意識、愛國情操的好國民。

（三）閱讀傳記文學，以塑造高尚人格

英國牛津大學副校長黎芬司東（Livingston）在他所著《一個動盪世界的教育》一文中說：「教育應以養成德操為第一要務；而德操的養成在使學子多看人生中偉大的事情，多識人性中上上品的東西。人生和人性的上上品，見於歷史和文學中的很多，只要人們知道去找。」所以在教材方面，應多引用對社會人心有助益之人物傳記為典範，且以實際生活作直接的編譯，切忌陳腐教材，免得學生有隔靴搔癢且陳義過高的感覺。

透過傳記文學優美生動的妙筆，將偉人的人格狀貌、行誼、功業、人生理想等項，一一呈現讀者眼前，使學生由認知層次，提升為篤實踐履。並且可藉由古聖先賢的智慧結晶及字字珠璣，引領學生開啟中國文學的堂奧。例如、在〈留侯論〉一文中，蘇軾再三強調「忍」字為人們生命中不可或缺的原動力，並且剖析「卒然臨之而不驚，無故加之不怒」的大勇與「拔劍而起，挺身而鬥」的小勇之區別，在於能「忍小忿而就大謀。」由此二者之分判，為人師表者就應該以史為鑑，教導學生探索生命的意義、人生的意義、宇宙的真理、生活的目的等問題。使少不經事的青少年經由老師的解析與引導，對大哉問的「生命意義與價值」不斷的去思維探索，並且不受不良書籍

雜誌、不當的大眾傳播媒體片面資訊的誤導，而走入自取滅亡或自暴自棄的人生旅途。

學生經由閱讀經典名言，領悟到生命的成長、智慧的成熟乃至悟境的提升、生命意義的持續開展等等，需經過千錘百鍊，所謂：「能受天磨方鐵漢，不遭人嫉是庸才。」在遇到挫折與苦難時，可以學習以平和之氣、忍耐的態度反省自我，接受挫折之挑戰，所謂：「忍一步，則海闊天空，讓三分，則風清雲淡」，並且記取教訓，以忍耐來磨練自己的心性；以經典名言增長自己的智慧，進而塑造高尚的人格。

（四）閱讀儒家經典，以培育人文素養

孔子教育學生的宗旨，是教導學生修己治人之方與立身處世之道，從古籍經典中，學習先聖先賢的嘉言懿行，可以砥礪德性，增長見聞。人生活在大千世界裏，就得學習社會生活的規範。孔門教育的四大綱領：文、行、忠、信（《論語‧述而篇》），可以說是教育的中心目標，涵蘊了君子立身行事，待人治世的準則。可見，儒家注重道德教育，崇尚教育的倫理價值。

教育的熱忱，促使孔子開創私人講學的風氣，並且推動學術大眾化的目標：一方面是為實現仁政德治的理想，進而培養才德兼備的治世能人；另一方面是教人立身處世之道，就是要加強倫理道德思想，以促進自我修養的工夫。所以孔子說：「興於詩，立於禮，成於樂。」（《論語‧泰伯篇》）「詩」、「禮」、「樂」是孔子平日教導學生的重要教材，並且說到了一個國家，從人們言談舉止的表現，就可以看出他們受到什麼教化？如果國民具有溫柔敦厚的氣質，那就是得力於詩的教化；如果國民心胸開闊平和，那就是得力於音樂的教化；如果國民態度謙遜莊重，那就是得力於禮的教化。因此，孔子也以「不學禮，無以立；不學詩，無以言」（《論語‧季氏篇》）來勉勵兒子，由此可

知，經由經典的啟發，可以契入知識的融通，在布乎四體，行乎動靜後，可以培養美善的人格特質。

中庸謂：「知、仁、勇三者，天下之達德也。」孔子說：「智者不惑，仁者不憂，勇者不懼。」（《論語・子罕篇》）凡是三德兼備的人，就可以稱為人格完美的君子。儒家教育學生，也就是以培養三達德為目標。所以孔門以「禮、樂、射、御、書、數」六藝為教材內容，以「禮樂」培養仁德，以「射御」培養勇德，以「書數」培養知德，目的就是希望養成學生具有完美之人格。（吳鼎，1980年）孔子說：「君子不重則不威，學則不固。」（《論語・學而篇》），以及《大學》上所說的：「格物、致知、誠意、正心、修身」的一貫道理，都是在告訴我們，一切做人的道理必須從自我做起，然後才能推己及人。人人心地純正，國家自然有光明的前途，人民才能生活在安康幸福中；反之，社會紊亂，是非不明，真理不彰，失去公平正義，人民必定生活在煩惱的深淵裡。在現代多元化的社會裡，學生的思想行為，已不是我們成人以平常心就可以判斷的，因此要實施個別化的因材施教，注重學生的個別差異，發掘出學生的天分，並且要鼓勵學生「見賢思齊焉，見不賢而內自省也」，促使他們發揮所長，以彌補自己的缺點，進而發展出健全的人格。

（五）閱讀歷史讀物，以擴展宏觀視野

歷史是人類活動的軌跡，也是民族生活的反映。從歷史的波瀾壯闊中，不僅可以擴展我們的視野，發思古的幽情，更可以增長見聞。英國詩人勃萊克的一首詩：「一花一世界，一沙一天國，君掌盛無邊，剎那含永劫。」這首詩說明從宇宙洪荒，天地玄黃，至科技文明發達的現代，一切生滅象徵永恆，無盡的歷史，永遠傳承著瑰麗的文化。例如、閱讀《文化苦旅》一書，我們隨著余秋雨教授的一步一腳

印，踏上這趟文化之旅，無需行囊，更無需華麗的裝束，穿越時空的
隧道，讓我們神遊於中國文化之精髓與活動之軌跡。

　　《文化苦旅》一書內容包蘊宏富，從「道士塔」、「莫高窟」、「陽
關雪」等地啟程，行行止止，遍及中國的大江南北，旅途中的經歷感
受，作者以生花的妙筆將歷史、人物、自然渾沌地交融在一起，使讀
者有身歷其境的感覺。因為篇幅有限，茲舉〈西湖夢〉概述如下：

> 水光瀲灩晴偏好，山色空濛雨亦奇。
> 欲把西湖比西子，淡妝濃抹總相宜。

　　蘇東坡這首詠西湖的詩，使西湖的聲名遠播。它貯積了太多的朝
代，於是變得沒有朝代。它走向抽象，走向虛幻，像一個蒐羅備至的
博覽會，盛大到了縹緲。明代正德年間一位日本使臣遊西湖後寫過這
樣一首詩：

> 昔年曾見此湖圖，不信人間有此湖。
> 今日打從湖上過，畫工還欠費工夫。

　　可見對許多遊客來說，西湖即便是初遊，也有舊夢重溫的味道。
這簡直成了中國文化中的一個常用意象，摩挲中國文化一久，心頭都
會有個這個湖。多數中國文人的人格結構中，對一個充滿象徵性和抽
象度的西湖，總有很大的向心力。社會理性使命已悄悄抽繹，秀麗山
水間散落著才子、隱士，埋藏著身前的孤傲和身後的空名。天大的才
華和鬱憤，最後都化作供後人遊玩的景點。景點，景點，總是景點。
再也找不到傳世的檄文，只剩下廊柱上龍飛鳳舞的楹聯。再也不去期
待歷史的震顫，只見凜然安坐著的萬古湖山以及湖水上漂浮著千年
藻苔。

　　西湖勝蹟中最能讓中國人揚眉吐氣的，是白堤和蘇堤。兩位大詩人、大文豪，不是為了風雅，甚至不是為了文化上的目的，純粹為瞭解除當地人民的疾苦，興修水利，浚湖築堤，終於在西湖中留下了兩條長長的生命堤。清人查容〈詠蘇堤詩〉云：「蘇公當日曾築此，不為遊觀為民耳。」稱得上是最懂遊觀的藝術家。就白居易、蘇東坡的整體情懷而言，這兩道物化的長堤還是太狹小的存在。他們有比較完整的天下意識、宇宙感悟、理性思考，在文化品味上，是那個時代的精英，是中國歷代文化良心所能作的社會實績的極致。

　　也許正是對這類結果的大徹大悟，西湖邊又悠然站出來一個林和靖。他參透世俗，不慕名利，隱居孤山二十年，以梅為妻，以鶴為子。他的〈詠梅詩〉：「疏影橫斜水清淺，暗香浮動月黃昏」，幾乎成為千古絕唱。群體性的文化人格日趨黯淡，春去秋來，梅凋鶴老，文化成了一種無目的的浪費，封閉式的道德完善導向了總體上的不道德。文明的突飛猛進，也因此被取消，只剩下梅瓣、鶴羽，像書籤一般，夾在民族精神的史冊上。

　　作者以悲憫的情懷，引領我們去尋幽訪勝，讓我們不僅見到歷史文化的「宗廟之美，百官之富」，更令人油然而生「千古風流人物已遠，古今多少事，都付笑談中」的滄桑感。跋涉在山水歷史間，咀嚼著歷史文化瑰麗的花朵，使我們佇立良久，不忍離去。這本書的出版，震撼海峽兩岸的中國人心。培根說：「歷史使人明智」，正說明了生生不息吐納百代的歷史文化，告訴我們人生的種種不可能，並且指點後代人民如何在人生座標中，慎擇自己人生的方向，以開創自己璀璨光明的未來。文化的傳承，促使社會的進步；文化的創新，增進人類的福祉，二者相輔相成，使民族文化歷久彌新。

（六）閱讀怡情讀物，以引導正確人生觀

在目前中學的國文教材中，選錄了頗多具有老莊哲理思想，崇尚自然的篇章，可以淨化人類的心靈，提升人生的境界。在物慾橫流，競爭激烈的的世界裡，一個人想要免除自我的掙扎與痛苦，以及外界人事的紛擾，歸向山川園林，是一種很美的意境。環顧現今的社會風氣，老莊思想對社會人心的引導，仍有許多正面的意義，譬如教導我們要降低慾望，知足常樂；要把知識智慧用在反省自己及認清人生的方向上，而不要爭名奪利。

例如、蘇軾所寫的〈赤壁賦〉，是作者於宋神宗元豐五年七月十六日，與友人泛舟遊玩赤壁，觀賞江山風月之美，感念體悟宇宙人生變化之無常；文中借曹操之成敗來說明宇宙人生「盛衰消長」的道理，這種道理即是受了莊子〈齊物論〉「忘我物化」思想的影響，世間的一切事物都應該順其自然發展，放下自我，保持一顆平常心，以開朗豁達的心懷，去迎接無限時空中的生死、得失之事。東坡才氣縱橫，可惜一生宦海浮沈，頗不得志，但他卻能從痛苦中跳脫出來，修養開朗豁達的胸襟，因而寫出豪邁飄逸的不朽作品。

在〈赤壁賦〉一文中，以「寄蜉蝣於天地，渺滄海之一粟」，對比「旌旗蔽空，釃酒臨江，橫槊賦詩；固一世之雄也」，提供了我們一個值得省思的問題，究竟如何界定生命的意義？是藉「太上有立德，其次有立功，其次有立言，雖久不廢，此之謂三不朽。」（《左傳‧襄公二十四年》）以成名，所謂：「君子疾沒世而名不稱」（《論語‧衛靈公》），展閱史書記載，古往今來迷失在名利的漩渦中，而無法自拔的人比比皆是，在爾虞我詐、競爭激烈的社會裡，甚至於因而精神崩潰，這不就是「煩惱皆因強出頭」所致嗎？研讀〈赤壁賦〉一文，可以培養學生「淡泊以明志，寧靜以致遠」的襟懷，進而成為有智慧而又快樂的現代人。

三　閱讀教學，以提升寫作的能力

　　發展學生思考能力是學校教育主要目標之一，早在二千多年前，我國至聖先師孔子在《論語》一書中便說：「學而不思則罔，思而不學則殆。」宋儒程頤也說：「博學、審問、慎思、明辨、篤行，五者缺一不可。」（《中庸》）這是勉勵學生求學時務必學思並重。美國教育家杜威（John Dewey）也說：「學由於行，得由於思。」美國教育家克柏萊（E. P. Cubberley）強調：「優良的教學貴在能培養學生良好的讀書習慣，以及獨立思考的能力。」上述學者的說法，與劉勰《文心雕龍・神思篇》）所說：「積學以儲寶，酌理以富才」的修養，有異曲同工之妙。的確，思考方法是可以學習的，思考能力可以經由教育而予以提高，讓學生經由多元閱讀，以培養敏銳的眼光與洞察能力，因此創造思考教學是非常重要的。

　　《紅樓夢》書中有句話說：「世事洞明皆學問，人情練達即文章」，針對目前學生較不擅長的破題、發想、融合生活經驗等議題，教師應提供閱讀寫作單元，精選重要名家散文，讓學生多讀多寫，以加強學生寫作能力。透過引導寫作的形式，測驗學生針對主題，能夠寫作一篇結構完整的文章。至於遣詞造句、篇章組織等寫作技巧，則可透過廣泛閱讀，觀摩名家作品，以及勤加練習等方法來培養。

　　閱讀是推動國語文教育中不可或缺的一種學習方法。教科書正是操演這種學習方法的最佳工具。閱讀教科書除了要理解書中的學科內容以外，也要引導學生邏輯推理與多元思考的能力。課外讀物之選材，宜求文字難易適中，內容賅博周洽，思想新穎深刻，文學樣式多元，並使學生能自行閱讀吸收，以作為範文教學之補充。「工欲善其事，必先利其器」，並且要引領學生善加利用圖書館，以提升資料彙整的能力。

四　結論

在廿一世紀知識蓬勃發展的時代，全世界的先進國家，都將教育列為國家最優先的議題，而教育的改革沒有捷徑，只有方法，那就是「藉由閱讀的養成，培養公民終身學習的能力，作為知識經濟競爭的基礎。」英國教育部長布朗奇（David Blunkett）說：「每當我們翻開書頁，等於開啟了一扇通往世界的窗，閱讀是各種學習的基石。在我們所做的事情中，最能解放我們的心靈的，莫過於學習閱讀。」（《天下雜誌》263期，2002年11月15日）正說明了閱讀是心與心的交流，是保持生活躍動，永不寂寞的妙方。

新加坡前總理李光耀說：「廿一世紀的公民，必須要有快速吸取訊息的能力和正確表達自己意思的能力，才能和別人競爭。」（洪蘭，〈培養正確表達意思的能力〉，《天下雜誌》網站，2009年6月15日）這的確是值得發人深省的言論。閱讀的習慣在年輕時就要養成，寫作的種子，也應在年輕時代就埋下。因為有思想的人，才有內涵，有智慧的人，才有品味，唯有多看、多學，才能使智慧增長。有一句話說：「昨日已成歷史，明日仍是未知，而當下是上天給的禮物。」活在當下，更可以超越時間的侷限，而在時代的洪流中，留下屬於自己的印記，因此，希望大家要培養閱讀的習慣，努力充實自我，使自己成為知書達禮，具有全方位能力的時代青年，進而營造一個溫馨和諧的書香社會。

參考文獻

一　古籍

〔魏〕王弼　〔晉〕韓康伯注　〔唐〕孔穎達正義　《周易正義》
　　　臺北市　藝文印書館　1998年

〔漢〕毛亨傳　鄭玄箋　〔唐〕孔穎達正義　《毛詩正義》　臺北市
　　　藝文印書館　1998年

〔漢〕鄭玄注　〔唐〕孔穎達正義　《禮記正義》　臺北市　藝文印
　　　書館　1998年

〔晉〕杜預注　〔晉〕孔穎達正義　《春秋左傳正義》　臺北市　藝
　　　文印書館　1998年

〔漢〕司馬遷　《史記》　臺北市　鼎文書局　1987年

〔唐〕白居易　〈與元九書〉　《白氏長慶集》

〔宋〕朱熹　《四書章句集注》　臺北市　鵝湖出版社　1998年

〔宋〕陳師道　《後山詩話》　臺北市　世界書局　1986年《景印摛
　　　藻堂四庫全書薈要本》

〔清〕清聖祖御定　季振宜等奉敕編　《全唐詩》　臺北市　文史哲
　　　出版社　1998年

〔清〕〈赤壁賦〉　收錄於《古文觀止》

〔清〕曹雪芹　高顎原著　馮其庸等校著　《紅樓夢校注》　臺北市
　　　里仁書局　2003年

二　現代專著

《胡適全集》　合肥市　安徽教育出版社　2003年

馬爾藤博士著　林語堂譯　《勵志文集》　臺南市　西北出版社
　　　1982年

《天下雜誌》海闊天空教育特刊　263期　2002年11月15日

余秋雨　《新文化苦旅》　臺北市　爾雅出版社　2008年

洪　蘭　〈培養正確表達意思的能力〉　《天下雜誌》網站　2009年
　　　　6月15日 http://reading.cw.com.tw/

吳　鼎　〈儒家思想如何輔導青少年〉　《中央日報》「學人論學」
　　　　1980年3月24日

梁啟超　《儒家哲學》　1927年在清華大學的講義

楊亮功　《人文主義與教育》　臺北市　三民書局　1987年

郭俊賢、陳淑慧譯　《多元智慧的教與學》　臺北市　遠流出版公司
　　　　1999年

推動創意教學，以培養學生良好學習態度[*]

一　前言

　　兩千多年前，至聖先師孔子引導三千莘莘學子以「學而時習之，不亦說乎」的態度（《論語‧學而篇》），來開啟知識的堂奧，以智慧的言語、經典的話語，來陶冶心性及增長見聞，進而提升自己的德業修養。可見學習態度攸關學習成效。邁向新世紀，多元化的教育思潮，也隨著知識經濟時代的來臨，深深牽動著臺灣的未來。一九八五年聯合國教育科學文化組織（UNESCO）第四次國際成人教育會議宣言，特別強調學習權（learning right）的概念，並界定為：「學習權就是：閱讀和書寫的權利；提出問題和思考問題的權利；想像和創造的權利；瞭解人的環境和編寫歷史的權利；接受教育資源的權利；發展個人和集體技能的權利。」的確，學習的行為是教育活動的重心，也是掌握日新月異的新知，運籌帷幄、決勝千里的關鍵。而良好的學習態度，更是決定人生高度，邁向成功之路的不二法門。

　　學習態度（Attitude）是一種與信念、感覺、價值和性格有相關之複雜的心理狀態，使人產生某種特定的行為（Merriam-Webster's Dictionary, 2011）。易言之，學習態度係指個體針對學習活動所持有

---

[*]　本文刊載於2014年5月《商業職業教育》季刊。

一致性的主觀知覺，對學習活動所產生的喜好，會反映在行為上，並影響學習者的學習態度與學習效果（吳武典，2000）。學生的學習動機與學習效率，往往受制於對學習環境好惡程度的影響，擁有積極的學習態度，將使學習者傾向於喜好與參與；反之，則使學習者退卻、拒絕學習。因此，教師教學應該從認知、情意及行為三方面作探討（張春興，1994），來瞭解學生的學習態度，進而提升學生對課業的學習興趣。

二　現階段技職學校學生學習困擾的探討

「這是最好的時代，也是最壞的時代；這是智慧的時代，也是最愚蠢的時代。」（狄更斯《雙城記》）這句名言足以發人深省。環顧國內社會的發展，功利之風猖獗，價值體系低俗，人文精神沒落，教育功能的逆文化取向，導致倫理道德的低落與社會價值觀的偏頗，這的確是不容我們掉以輕心的教育問題。茲述現階段技職學校學生最感困擾的學習問題，如下：

（一）社會過度重視文憑與升學主義，影響學生的學習興趣

高中職學生的年齡正值人生思想的轉捩期，在強調升學成就與升入明星學校的強勢校園文化中，莘莘學子埋頭苦讀，生吞活剝應考的科目，聯考的壓力，使得學生精神苦悶；而學習困擾的學生是屬於學校中的弱勢，他們往往會產生懼學症、焦慮症、精神喪失症，嚴重者以逃學、輟學來逃避升學競爭的壓力。因此教育行政單位，應該規劃多元的升學管道——改良式聯招、推薦甄選、預修甄試……等，來導正僵化的升學主義窠臼，落實五育均衡發展的目標，簡化聯考科目，使教學彈性化，評量多元化配合學生的個別差異，實施適性而有效的

教法，建立學生終身學習的理念，使所有學生不論上智或下愚都受到適性的發展，進而確立正確的人生觀。

（二）資訊科技產品發達，影響學生學習的專注力

根據「二○一一青少年使用行動電話調查報告」指出，十到二十歲的全國青少年有80%擁有自己專用的手機，比二○○九年高出15%；其中，高中生擁有手機的比例高達95.6%，而大學生更直逼100%。手機在現代人類的日常生活中已佔有一席之地，從彼此接聽或撥打的單一性質，進化到傳簡訊、玩遊戲等多項功能，尤其是在智慧型手機發達的時代，隨時可見低頭族，埋首在手機畫面中。青少年學生在課堂上聽見手機鈴聲，勢必會分散聽課的注意力，影響學習成績；電話和簡訊的鈴聲，也會影響到安靜的學習環境，間接影響教師的講課和學生的學習，而導致學習力低落。在上課期間，有些同學心有旁騖，瀏覽 Facebook、即時通等互動式系統，因此對老師講授的內容充耳不聞，忽略上課內容的重點，而影響學業成績。根據國內外的調查顯示，青少年是手機成癮的高危險群，不外乎是同儕團體的影響、衝動控制差、時間管理能力較差等因素（柯俊銘，2009）。因此，家長與老師都應該正視青少年手機成癮的嚴重性，而適時的約束學生使用手機的頻率，以提升學生在課業學習的專注力。

（三）教材內容艱深且多與生活脫節，影響學生學習的意願

在考試引導教學的理念下，技職學校的教材內容，仍無法擺脫聯考的壓力，學校教育偏重「智育」的發展，而忽略生活規範、倫理道德的陶冶。語文科目如國文、英文仍偏重於記誦字詞解釋與課文內容；在數理科目方面，偏重於概念、原理的傳授及演算，評量方面仍偏重智育的筆試。由於教材內容與學生日常所接觸到的電腦、工商新

知、開創事業等現況脫節（李振清，1984），缺乏引發學生學習動機的誘因。為了聯考，學生紛紛以升學科目為學習的主軸，而偏廢職業技能科目。長此以往，使得高職教育所培育出來的學生，由於缺少邏輯思考和學術能力的訓練，往往使他們無法應付未來高階工作職位的挑戰；而一般高中的學術課程，又無法培養學生具備與實際工作有關的各種應用能力（Paris & Huske, 1998），包括良好的技術能力與學術知識、解決問題的能力和有效的溝通（溫玲玉、王興芳，2003）。高職畢業生缺乏成功的職場表現所應具備的技能，使得就業的學生與產業界的需求，出現了嚴重的落差，致使學生的就業機會驟減，進而影響高職的招生。

三　推動創意教學，培養學生良好學習態度

英國生物學家達爾文（Darwin）曾說：「最有價值的知識是關於方法的知識。」的確，在資訊科技文明日新月異的時代，各級學校的教材內容也需要不斷的發展與創新，掌握住良好的教學方法，也就是掌握住開啟新時代智慧的鑰匙。因此，為人師表者不應該忽略任何一個學生的學習權利，面對個別差異的學生，如何因材施教，以培養學生良好的學習態度，這是教師任重道遠也是最艱難的挑戰。茲述如何推動創意教學，以培養學生良好學習態度的方法，如下：

（一）加強教師專業知能，以提升學生的學習興趣

《禮記‧學記》上說：「師嚴然後道尊，道尊然後民知敬學。」師道的尊嚴，植基於教師的敬業精神與專業素養。在多元化的教育功能引導下，每位為人師表者，除了以「經師」自我期許外，更應負起「人師」的責任，並且要發揚至聖先師孔子「有教無類」、「因材施

教」的教育理念，以犧牲奉獻、無怨無悔的精神，循循善誘學生，並且發揮專業知能，以培養學生良好的學習態度。

依據學生個別差異與需求，調整教材和教學方法，並且要突破升學主義的窠臼，落實五育均衡發展的教育目標，不能忽視藝能科目的教學，使教材彈性化，評量多元化，實施適性而有效的教學方法，不可一味揠苗助長，只訓練出上課時「講光抄」、考試時「背多分」的機器人，教師對於學生的課業要熱心指導，使教材、教法生動活潑化，以引發學生的學習興趣。對於成績較差的學生，要進行補救教學，以確保每一位學生都能有效學習。以合理的期望，來輔導學生，不論上智或下愚，都能受到適性的發展，發掘自己的特色，並且要鼓勵學生「見賢思齊焉，見不賢而內自省也」（《論語·里仁篇》），促使他們發揮所長，進而發展出健全的人格。

（二）落實翻轉教學目標，以培養學生主動探究的學習態度

近年來備受教育界關注的教育理念，「翻轉教室」（Flipped Classroom），亦稱為翻轉教學（flip teaching）。二〇〇七年間，美國科羅拉多州 Woodland Park High School 的兩位化學老師 Jonathan Bergmann 與 Aaron Sams，將上課內容預錄成影片上傳到 You Tube 網站讓學生課前自學，因為教學效果良好，進而將此種顛覆傳統上課方式的教學模式命名為「翻轉教室」（Hamdan、McKnight、McKnight & Arfstrom 2013），成為國際間教育工作者所推展的新興教學模式。翻轉教室的核心概念，即是將傳統中「教師在課堂中教授課程內容，學生在課後討論、練習，並完成作業」的授課方式，翻轉成為「學生在課前觀看教師預先錄製的課程內容，然後到課堂上進行討論、練習，並完成作業」的上課方式（趙惠玲，2013）。

翻轉教學的目標，是鼓勵教師由「知識的教導者」轉型為「學習

的引導者」。教學設計是「翻轉教室」的另一個重要課題；教師透過課程設計與教學活動規劃，培養學生主動學習的精神。因此落實翻轉教學目標，可以培養學生閱讀課外讀物的良好習慣，並學習主動蒐集資料、分析資料及整理資料之能力，經由教師之引導，鼓勵學生從所研讀書籍的主題，與同儕討論、分享心得，進而形成校園優良的讀書風氣，以激發學生的創意思考力及增進學習成效。

（三）營造溫馨的學習型校園，以培養學生良好的學習態度

良好的教育環境，是學生身心成長的樂園。學校教育是家庭教育的延伸，也是莘莘學子學習各種知識、培育健全人格、發展良好人際關係的重要場所。而校園裡諄諄教誨學生的師長，猶如家庭中的父母，以愛心、耐心、細心、及適時、適性，適切的方法，引導學生發揮人格特質，以開創自己光明的未來。因此，教育工作者應為學生營造溫馨的學習型校園，以培養學生良好的學習態度。

如何營造溫馨的學習型校園？首先要以孔子所說：「知之者，不如好之者，好之者，不如樂之者。」（《論語·雍也篇》）的學習態度，激發學生樂意學習，肯定並接受自我的學習表現。其次以孔子所說：「三人行，必有我師焉，擇其善者而從之，其不善者而改之。」（《論語·述而篇》）尊重他人的學習態度，同儕間筆硯相親的學習，不僅可以發揮團隊精神，在觀摩學習中，分享學習經驗與心得，進而培養「欣賞別人，看重自己」的襟懷，可以說是一舉數得的學習方式，值得大家推廣。

（四）落實人文教育，以培養學生感恩惜福的學習態度

在資訊科技突飛猛進的時代裡，網際網路的推出，實現了遠距教學的夢想，開啟了學習的另一個視窗，而手機的通用與流行，成為人

類互通訊息最便捷的工具。但是網路色情與暴力的氾濫，不僅戕害青少年的心靈，也使得社會犯罪率節節升高，形成社會最大的隱憂。為導正資訊科技文明所帶來負面的影響，加強人文教育，的確是陶冶學生人文素養及淨化心靈的良藥。

人文教育就是一種生活態度、人生觀及人格修養的教育；目的在陶鑄人文精神、培育人文素養。人文主義教育涵蓋了文學、哲學、歷史、美學等方面的課程。在教學方法，應著重創造力的啟發、經驗的學習以及情意的陶冶，其最終的目的，是達到個人自我之實現，使個人更富人性化，以增進人際關係，並且能以開闊的胸襟、宏觀的視野以及人文器識，來關懷社會與尊重生命（陳立夫，1987）。因此，落實人文教育，可以培養學生感恩惜福的學習態度，具有「己立立人，己達達人」關懷社會、尊重生命的情操，進而成為明禮義、知廉恥、孝親尊師、友愛同學的時代好青年。

四　結論

教育是傳遞知識、培育人才、促進社會進步的原動力。教育的傳承，不能侷促一隅，必須旁搜遠紹；教育的滋長，不能率由舊章，必須與時推移，而成為切合時代潮流之文化慧命。澳洲教育部長盧比（Alan Kuby）說：「未來是一個資訊化的社會、資訊化文化、資訊化工作的時代，如果人民沒有閱讀和溝通的能力，沒有團隊合作的能力，如果人民不能學習、再努力，就沒有通往工作的管道，也沒有通往文化的管道。而政府的責任就是認知這個大趨勢，並且設法讓民眾有興趣不斷學習。」（許芳菊，1996）這一番語重心長的言論，猶如當頭棒喝，值得國人深思與警惕。因此，學校教育應該以知識的源頭活水，來澆灌學生智育的成長；以求新求變的信念，來提高學校教育

的品質，使每位莘莘學子在快樂的學習環境中茁壯成長。

在邁向二十一世紀多元化的時代，未來的臺灣、無論是國家競爭力的提升、社會的和諧凝聚，自然環境的永續發展，人民素質的提升和生活品質的改善，成功關鍵都在教育（行政院教改會諮議報告書，1998），因此學校教育的發展，應該朝著「推展終身學習、建立學習社會、落實教育改革」的目標邁進，並且要與家庭教育、社會教育相輔相成，以集體力量來改造教育環境。美國歷史學家亨利、亞當斯（Henry Adams）說：「只要懂得如何學習，就有足夠的知識。」知之深，不如行之著，因此每位教師應該順應時代的需求，掌握世界的脈動，發揚孔子「因材施教」的真諦，用多元的角度及宏觀的視野來看待每一位學生。並且以「有教無類」的精神，引領學生力行終身學習的理念，並養成參與學習的好習慣，點燃知識的火炬，努力充實自我，以增進生活知能，進而成為有創新與應用能力的時代青年。

參考文獻

一　中文文獻

行政院教育改革審議委員會　〈聯合國有關「學習權」的會議宣言〉
　　　　《教改通訊》　1996年　頁30-31
吳武典　《輔導原理》　臺北市　心理出版社　2000年
張春興　《現代心理學》　臺北市　臺灣東華書局　1996年
柯俊銘　〈你有手機成癮症？〉　《聯合報》　2009年3月26日
李振清　〈實用功能取向的英語教材設計——高中英語教材編纂的一
　　　　些新構想〉　《中華民國第一屆英語文教學研討會英語文教
　　　　學論文集》　臺北市　文鶴出版公司　1984年　頁39-50

溫玲玉、王興芳　〈美國學術與職業課程整合的推展及其對我國的啟
　　　示〉　《教育研究資訊》　11卷4期　2003年　頁139

鄭雅丰、鄭雅靜　〈教師在閱讀討論教學中的引導行為之探討〉
　　　《大葉大學通識教育學報》　第六期　頁165-178

劉怡甫　〈翻轉課堂——落實學生為中心與提升就業力的改良教方〉
　　　輔仁大學教師發展與教學資源中心資深教學設計師　《評鑑
　　　雙月刊》第41期　2013年1月

趙惠玲　「師大翻轉教室」教學網站啟航　國立臺灣師範大學教學發
　　　展中心　2013年　https://www.ctld.ntnu.edu.tw/index.php?p=
　　　ntnuscops

陳立夫　〈孔孟學說與人文教育〉　《人文教育》　第12講　1987年
　　　頁6

〈行政院教改會諮議報告書〉　《天下雜誌》1998年教育特刊
　　　頁248

許芳菊　「澳洲教育政策——關鍵能力，啟動未來」　《天下雜誌》
　　　第178期　1996年　頁166

二　英文文獻

Merriam-Webster's Dictionary (2011). Attitude. Retrieved March 16, 2011, from http://www.merriam-webster.com/dictionary/attitude

Hamdan, N., McKnight, P., McKnight, K., & Arfstrom, K. (2013). A review of flipped learning.

愉快閱讀，以培養學生終身學習的能力*

——從落實經典閱讀教學談起

摘要

　　在知識蓬勃發展的廿一世紀，教育已成為運籌帷幄、決勝千里的關鍵。為因應時代的挑戰與衝擊，終身學習已成為前瞻未來、領航知識世紀的標竿，學校教育要迎向新世紀的國際競爭，就要落實終身學習的教育目標，全面推展學習型組織，透過經典閱讀教學，可以引領學生開啟古典文學的堂奧，在古聖賢哲的智慧結晶與經典話語中，開拓學生的新視野，陶冶其閱讀品味，培養學生終身學習的能力。

關鍵詞：終身學習　經典閱讀　探究式教學法　《論語》　孔子

---

*　本文發表於2014年7月17日「第五屆世界華語學校圖書館論壇」（香港大學）。

一 前言

　　橫邁古今，跨越西東，學習的天空，是無限的寬廣，兩千多年前，孔子以「有教無類、誨人不倦」的精神，引領莘莘學子，悠遊在古籍經典的源頭活水中，期許莘莘學子勤啟良書卷，以智慧的言語、經典的話語，來陶冶心性及增長見聞，進而提升自己的德業修養，更樹立了以儒家思想為主流的中華文化。透過經典作品生動有趣的題材、發人深省的主題、及深刻感人的意境，開拓學生的新視野，陶冶其閱讀品味，並提升其文化層次，進而培養學生終身學習的能力。德國哲學家黑格爾（Georg Wilhelm Friedrich Hegel, 1770-1831）說：「經典是永恆的，因為它會不斷激起讀者心靈中的理念典型。」這的確是中肯的言論。

　　為因應一九九六年聯合國教科文組織推動國際教育改革時、高懸終身教育的理想，在報告書（Delors, 1996）中宣示終身學習的四大範圍：學習知識（learn to know）、學習技能（learn to do）、學習與人相處（learn to live together）及學習發現完全的我（learn to be），完成這些範疇的學習，其過程是全面的、持久的，不是侷限在青少年期的養成教育上（楊家興，1998）。所以，終身教育（life long education）與終身學習（learing through life）已經成為二十一世紀的教育發展主流。的確，要迎向二十一世紀的國際競爭，就要落實終身學習的教育目標，全面推展學習型組織，培養能夠終身學習的國民，並積極推動全民閱讀運動，以提升人文素養與知識競爭力。

二 落實經典閱讀教學，以培養學生終身學習的能力

　　在經典閱讀的教學天地裡，古聖先賢的智慧結晶，猶如長江水滾

滾東流，灌溉我們的家園，潤澤充實我們的文化。中華文化源遠流長，博大精深，深植於每一個人的思想與生活中。儒家學說體用兼備，更是傳承中華文化之中流砥柱。讓我們一同閱讀《論語》，汲取孔子教育的典範，傳承孔子樂道的精神。茲述《論語》一書的典範，如下：

（一）創意思考教學的啟發

因材施教，可以掌握學生的動向；循循善誘，可以使教材、教法生動活潑化，以引發學生的學習興趣。創意思考能力的啟發，是學校教育主要目標之一，早在二千多年前，我國至聖先師孔子就說：「學而不思則罔，思而不學則殆。」（〈為政篇〉）又說：「不憤不啟，不悱不發，舉一隅，不以三隅反，則不復也。」（〈述而篇〉）發問技巧與思考教學有密切的關係，因此每位教師要突破傳統注入式教學法的瓶頸，運用創意思考教學法，鼓勵學生發問，來提升學生對問題的思辨能力。

（二）終身學習的典範

孔子一生淡泊名利，終日孜孜不倦於治學與教學上，他自己曾說在進德修業上的歷程是循序漸進，從十五歲開始就發憤圖強，立志向學，三十歲學業精進，卓然有成，四十歲通達事理，沒有疑惑，一直到七十歲的隨心所欲，不踰越法度。由此可知，孔子一生在進德修業上是努力不輟的，並且以「學而不厭、不恥下問」的態度去學習各項新知，以開拓自己的知識領域，最後成為感通人類、洞明世事、潤化萬物的一代大儒，孔子堪稱終身學習的最佳典範。

（三）美善人格的彰顯

　　教育的熱忱，促使孔子開創私人講學的風氣，並且推動學術大眾化的目標。孔子說：「興於詩，立於禮，成於樂。」（〈泰伯篇〉）「詩」、「禮」、「樂」是孔子平日教導學生的重要教材。並且說：如果國民具有溫柔敦厚的氣質，那就是得力於詩的教化；如果國民心胸開闊平和，那就是得力於音樂的教化；如果國民態度謙遜莊重，那就是得力於禮的教化。因此，孔子也以「不學禮，無以立；不學詩，無以言」來勉勵兒子孔鯉。經由閱讀經典的啟發，可以契入知識的融通，在佈乎四體，行乎動靜後，可以培養美善的人格特質。

（四）人文關懷的落實

　　孔子的教學理念中，最重視個人品德心性的修養，以及倫理道德的實踐。在個人品德心性之修養方面，孔子稱述最多的是「仁」。顏淵問仁，孔子回答說：「克己復禮為仁。」（〈顏淵篇〉）所謂的「克己」是指自我品德的完成，正是「忠」的表現；「復禮」乃是社會群體和諧的表現，也是「恕」道的發揚。「仁」是孔子的中心思想，涵蘊了立身處世的各種美德，是一個人圓滿人格的表現，而人格必須在人群之中才能彰顯出來。

　　「天不生仲尼，萬古如長夜」，至聖先師孔子猶如一顆彗星，照亮中華文化的前程，開啟我國私人講學的先河，奠定了儒家學說的理論基礎。落實經典閱讀教學，可以提升學生的人文素養，拓展宏觀的視野，以培養開闊的胸襟，並且要以終身學習的理念鞭策自己，深切體認學識的獲得是永無止境的。

三　探究式教學法在經典閱讀教學上的運用

　　探究教學法有別於傳統的講述教學法，由以老師為主體，轉移成以學生為學習的主體，學生經由探究活動的過程，擁有充分的發表、討論、操作的機會，並逐步建構屬於自己思維的概念體系。探究式學習（Web Quest），又稱為研究性學習，是一種以學生為主的學習模式。在教師的輔助下，由學生策劃、執行及自我評估的學習方法（梁淑貞、陳秀騰，2001）。學生透過研習一個特定的專題活動，運用現有的知識和技巧來重新綜合，並自主地建構知識，進而可以培養學生的自學精神。

　　本研究是透過「閱讀與寫作」（Reading and Writing）課程來進行，選課學生為臺北市立大學的大二學生，教學目標是引導學生閱讀經典古籍，並且吸取書中的精華加以融會貫通，以培養批判性思考（critical thinking）的能力，進而表達在寫作及應對進退上。而教學的成果，係強調個人閱讀心得寫作與小組研究報告分享。茲述探究式教學法在經典閱讀教學上的運用原則，如下：

（一）教師引導

　　本教學在閱讀經典之初，會由授課教師先行就時代背景、思想潮流以及相關學派的觀點進行解說。其目的除了讓學生具備基本知識外，也期待學生在閱讀的過程中能夠比較分析其異同，甚至進行反省批判。

（二）構思概念

　　每位同學都必須依循進度進行閱讀每本經典，但正式課堂上，會分派不同學生擔任各章的導讀者，此時任課老師與其他學生一樣，可

進行參與討論和發問。導讀者必須於上課前提供閱讀提要，以概念圖為策略，摘要該章的重點概念和其邏輯關係、結論和延伸閱讀等。

（三）蒐集資料

本研究採用質性研究，針對「經典閱讀課程」的教學，實施課堂進行和教學省思的記錄，主要的目的是希望能深入瞭解學生在經典閱讀上的學習歷程，探討經典閱讀如何引導和對話，瞭解學生對於書中的核心概念和問題的探求為何？每二週一次，一次二小時，共計有八週的觀察和記錄。

（四）討論技巧

教師透過師生的互動討論，鼓勵學生探究生活化所需的基本知識，並統整新資訊，以加強自己的閱讀理解能力。討論是知識分享最基本的要素，期望透過課程的進行，通過良好的討論技巧，以提升師生的閱讀理解和批判思考力。

Calfee 和 Drum（1986）認為，教師在閱讀教學的過程中，必須敏銳地覺知學生的錯誤概念，同時密切注意其所產生的影響。而教師也會針對學生的反應加以刺激和回饋，具有疑問的部分，也會激勵其他學生參與討論，以便擴大問題的討論層面和收穫（許智香，2010）。茲歸納並列表於下：

表一　經典閱讀教學進度與教學目標

課次	主題	內容
1	探討閱讀的兩扇法門	精讀與略讀
2	古典文學導讀 作家作品賞析與導讀	探討孔子的人格特質、孔子生平事蹟
3	作家作品賞析與導讀	探討孔子的治學精神 探討孔子的教學精神
4	作家作品賞析與導讀	《論語》內容及價值探討
5	作家作品賞析與討論	個人閱讀心得寫作
6	作家作品賞析與討論	小組研究報告分享
7	作家作品賞析與討論	小組研究報告分享
8	作家作品賞析與討論	小組研究報告分享

表二　學生分組報告

分組	主題	內容
第一組	孔子的思想：禮、仁	君子博學於文，約之以禮，亦可以弗畔矣夫！ 君子無終食之間違仁，造次必於是，顛沛必於是。
第二組	淺談中國經典代表——《論語》	孔門四科十哲
第三組	與《論語》有關成語的應用	巧言令色、見賢思齊、仁者樂山、欲罷不能、誨人不倦……
第四組	孔子電影與史實的差異	選用的電影片段與史實： 1.齊魯會盟 2.子見南子 3.子路問津

分組	主題	內容
		4.顏回之死
		5.子路之死
第五組	從《論語》看我們對於迷信的態度	孔子的人文精神
		周代的人性觀
		孔子如何看待天命
		孔子如何看待祭祀
		寬容並存的理性精神

閱讀心得寫作範例

　　請從《論語》中，選讀讓你終身受用的一個字或一句話的心得？（文長150-200字為原則）

1 「非禮勿視，非禮勿聽，非禮勿言，非禮勿動」(《論語‧顏淵》)

　　　　其實這句話在我尚未閱讀《論語》這本書時，母親便時常的提醒我這個看似簡單卻隱藏大道理的一句話。

　　　　從小在山上長大，造就我探險的精神和高度的好奇心，鄰里間相互認識，東西共用，大人說三道四也是常有的事，但在與人建立友誼關係時，因著這句話我懂得拿捏其中分寸。我關心朋友，但我不任意看他人日記，或手機通訊錄；我好奇心重，但非關我生活的八卦或小道消息儘可能不聽；我願做朋友的傾聽者，但不魯莽下結論，也不把他的秘密四處宣揚；我同意分享的快樂，但有借有還，且借前必告知。

　　　　「非禮勿視，非禮勿聽，非禮勿言，非禮勿動」這句話影響著我待人的模式，雖不知與孔子本意是否完全相符，但不可否認的是：這句話讓我與別人建立了親而不犯禮的友誼關係。

　　　　　　　　（市立臺北大學‧學習與媒材設計學系二年級‧何苡瑄）

2 《論語》中，「恕」這個字讓我覺得終身受用

> 雖然它只是一個簡單的中文造字，但它背後所代表的卻是人一生中待人處世的根本道理。在書中寫到：「己所不欲，勿施於人」就是一「恕」的表現。在與他人相處時，如果是自己不喜歡的事、物，當然不能強推給別人，自己都無法接受了更何況是他人？當心中有了這種想法時，自然就不會與他人發生不愉快的事情，身旁就會充滿了朋友。但如果心中沒了這個想法，而把自己都無法認同的事推給別人，這就是一種自私的表現，而且時間久了，身邊的朋友就會慢慢離你而去，最終只剩下無盡的孤獨。
>
> 除了這個「恕」字，還有一種更積極的意涵，推己及人以及寬恕。當自己有了能力和好的想法、行為，就要往外擴展讓別人也能擁有、彼此分享，讓整個社會更加美好。還有當與人相互起爭吵時，彼此退讓一步、原諒別人，事情就可以迎刃而解。所以我認為一個人心中永遠藏存著「恕」這個字，就能開創美好的人生。
>
> （市立臺北大學‧地球環境與生物資源學系二年級‧張珈瑜）

從《論語》中，可以見到孔子與弟子們的嘉言與懿行，禮儀或行為規範的學習，是孔子指導學生德行修養的重要一環。在待人接物上，所顯現的謙恭與從容的禮儀，讓我們能夠見賢思齊，修養高尚的品德，以陶冶身心、改變氣質。孔門之學，最講求的是做人的道理，以德行為本、知識為次。在為學的態度上，孔子展現出不斷地學習與力求上進的態度，可以激勵學生以「終身學習」的態度，來學習新知、增廣見聞。

四 結論

美國歷史學家亨利、亞當斯（Henry Adams）說：「只要懂得如何學習，就有足夠的知識。」的確，人人要不斷的學習，點燃知識的火炬，努力充實自我。要想使青年學子瞭解中華文化，而不致數典忘祖，就必須培養學生閱讀經典古籍的興趣，教師必須引導學生對中華文化的寶典由「知之、好之」進升到「樂之」的地步，如此學生涵泳於優美的古典文學中，久之定可以培育優美的情操，進而提升學生的人文素養。

多元化的教育思潮，隨著日新月異的科技文明，深深牽動著國家的未來。迎接學習社會的來臨，知識管理（Knowledge Management）已成為開啟圖書館利用教育寶庫的鑰匙，知識唯有透過密切的交流與分享，才能充分發揮傳播知識的功效。莊子說：「吾生也有涯，而知也無涯。」所以學識的獲得是永無止境的，因此學校教育的願景，應該以科技與知識為經，以全民學習為緯。營造溫馨的終身學習環境為鵠的，以培育具有多元智慧、宏觀視野、蓄積深厚、知書達禮的e時代好青年。

參考文獻

〔宋〕朱熹 《四書集註》 臺北市 鵝湖出版社 1998年4版

〔宋〕朱熹集注 蔣伯潛廣解 《廣解四書》 臺北市 臺華書局 1993年22版

李澤厚 《中國古代思想史論》 臺北市 風雲時代出版公司 1990年初版

許智香 〈經典閱讀課程設計和教學實施對大學師資生的閱讀理解與

批判思考的影響〉Conference on Teaching Excellence（Nov. 29-30） 2010年

楊家興 〈終身學習與教學科技的應用〉 《教學科技與媒體》 第 41期 1998年

蔡仁厚 《孔門弟子志行考述》 臺北市 臺灣商務印書館 1992年 2版

劉宏文 《高中學生進行開放式科學探究活動之個案研究》 彰化市 國立彰化師範大學科學教育研究所博士論文 2001年

謝冰瑩等編譯 《新譯四書讀本》 臺北市 三民書局 2002年5版

謝淑熙 《過盡千帆——向文學園地漫溯》初版 臺北市 秀威資訊 公司 2005年

梁淑貞、陳秀騰 香港培正中學 教師進修日專題研習 2001年

Calfee and Drum (1986). Research on teaching reading. In M. C. Wittrock (Ed.), Handbook of research on teaching (3rd ed., pp.804-849). New York: Macmillan

參　閱讀參訪活動

無限江山萬里情
——第四屆世界華語學校圖書館論壇紀行[*]

一　前言

　　二〇一三年第四屆世界華語學校圖書館館長論壇，臺灣高中高職圖書館參訪團，由臺灣學校圖書館館員學會理事長陳宗鈺主任擔任總領隊，暨大附中圖書館涂進萬主任、金門大學海洋與邊境管理所李瑞生所長、秀峰高中圖書館范綺萍主任、前恆春商工學務處林靜主任、林雯小姐（林靜主任的妹妹）、興國高中圖書館顏淑惠主任、前南投高商圖書館趙淑婉主任、聖心女中圖書館李秋雯主任、羅東高工圖書館莊文杰主任、育成高中刁秀英老師、東勢高工圖書館莊麗卿主任、嘉義高中圖書館謝漢星主任、屏東高工補校陳晉文組長、羅東高中圖書館邱柏翰組長、台北教育大學兼任教授謝淑熙等十六位成員，遠赴福建福州，參加一年一度的世界華語學校圖書館盛會。

二　有朋自遠方來

　　八月三日上午九時三十分在桃園機場第二航廈廈門航空公司航站，一群對圖書館工作志趣相投的夥伴們初次見面，在陳宗鈺主任及富華旅行社導遊薛添瑞先生的引薦下，大家相互寒暄及交換名片，展

* 本文刊載於2013年12月《中華民國圖書館學會會訊》21卷2期。

開了福建之旅的序幕。大家以雀躍之心情，搭乘十一時三十分前往廈
門的飛機，飛機緩緩上升，翱翔在天際，思緒也隨之起伏，我們一行
十六位成員，來自不同的地方，因緣際會能夠有志一同，為二〇一三
年第四屆世界華語學校圖書館論壇的盛會而全力以赴，可以說得上
是：「有朋自遠方來，不亦樂乎。」

武夷山國家公園團照　　　　　福州西湖公園團照

三　無限江山萬里情

　　閱讀不僅是紙本圖書的閱讀，其涵蘊是廣泛的。我們此行以尋幽
探勝的心情去探訪大自然的山水，飽覽了廈門的山水勝景、武夷山的
湖光山色，讓我們油然而生無限江山萬里情的情懷，更深切感受張潮
在《幽夢影》中說：「文章是案頭山水，山水是地上文章」的意涵。

（一）閱讀山水美景

　　八月三日下午，在豔陽高照下，我們造訪了廈門中國佛教聖地之
一的『南普陀寺』，寺內有天王殿、大雄寶殿、大悲殿等主要建築，
依山勢呈梯形層層分佈，背山面海，雄偉壯觀。在莊嚴的佛寺中，感

受到民眾禮佛虔敬的心意。離開南普陀寺，我們又搭乘渡輪，前往鼓浪嶼參觀『鋼琴博物館』，鋼琴博物館陳列了胡友義先生所收藏的七十多架古鋼琴。這裏的鋼琴不僅歷史悠久、種類多樣，而且奇特。許多鋼琴經歷兩次大戰歲月，作為裝飾物的燭臺燈飾也有百年以上歷史，參觀一次鋼琴博物館，等於瀏覽了一遍世界鋼琴發展史。一台一九二八年美國製造、價值昂貴的全自動「海那斯」名琴，用一卷卷打孔的古琴譜逼真地彈奏出貝多芬、蕭邦、勃拉姆斯的作品，成為博物館的背景音樂，與鼓浪嶼的拍岸濤聲相伴，令人不禁發思古之幽情。

鼓浪嶼鋼琴博物館

鼓浪嶼美景

　　八月四日我們去造訪《世界遺產名錄》客家土樓：「田螺坑土樓群」位於福建省漳州地區南靖縣書洋鎮，建縣已有六百多年歷史，與隸屬龍岩地區的永定交接的書洋、梅林兩鎮，大多數是客家人，其他鄉鎮則以閩南人居多。四座圓樓簇擁著一座方樓，在青山綠水間，像是一朵朵綻放的梅花，美妙絕倫，令人目不暇給。公路隨著蜿蜒的山勢而下，隨著觀看角度的變化，映入眼簾的田螺坑景觀，猶如魔術般，時而在前，時而後退，景象變化萬千。裕昌樓被當地人叫作『東倒西歪樓』，它的神奇之處，在於當你推開這扇有著六百多年歷史的

大門，猛然看到全樓回廊的支柱左傾右斜，似乎只要一陣風吹過來，它們就會轟然一聲倒下，其實，六百多年來，裕昌樓卻是風雨不動安如山。土樓建築具有充分的經濟性，良好的堅固性，奇妙的物理性，突出的防禦性，獨特的藝術性等多種優越性。走訪田螺坑土樓，讓人對先民的聰明與團結感佩不已。

田螺坑土樓團照　　　　　　　東倒西歪樓團照

（二）尋訪故國勝景

八月五日早餐後，我們搭車前往「虎溪岩」，虎溪岩位於廈門虎溪路的盡端，萬石岩西南側，建於明代萬曆年間，屢經興廢，一九八四年重修。虎溪岩間有古寺，稱東林寺，因南面有玉屏山，又叫玉屏寺。虎溪岩，滿山皆是巨石。寺廟依山而築，石穴為室，幽深險峻。詩人陶淵明和陸靜修到東林寺後回家，慧遠送客，因談話投機，不覺過溪，虎就吼叫起來，三人大笑而別，遂建「三笑亭」以為紀念。虎溪岩是廈門人民中秋賞月的最佳去處。隨後，我們又去尋訪「白鹿洞」的勝景，白鹿洞位於虎溪岩山後、玉屏山南面，可上溯至唐代。明朝萬曆年間拓建，清代康熙四十四年（1704）建白鹿洞寺並重修山洞。白鹿洞寺廟的後堂供奉朱熹，在三寶殿後為紀念他重興江西白鹿

洞書院而建有山洞，因洞內有栩栩如生的泥塑白鹿而得名。每當春末夏初，空氣濕度增大，水氣上升，便有煙霧湧出，縷縷可見，故稱「白鹿含煙」，為廈門小八景之一。踏入白鹿洞寺廟內，令人不禁遙想朱熹在白鹿洞書院講書的情景。

虎溪岩

三笑亭

　　八月六日早餐後，我們搭車前往天遊峰武夷第一勝地，位於武夷山景區中部的五曲隱屏峰後，海拔四一〇米，大家依續從石階往上攀爬，絡繹不絕的遊客，讓武夷山天遊峰人聲鼎沸。從山頂眺望四周雲霧瀰漫，令人有「一峰突起眾峰環」的感受，三面有九曲溪環繞，武夷全景，美不勝收。用完午餐後，我們乘坐竹筏，竹筏順流而下，由九曲而至一曲，映入眼簾的是青山綠水，覽盡兩岸千峰競秀，飄入耳際的，是船夫如數家珍的訴說著九曲的傳說故事。只見竹筏時而掠過淺灘、忽又泛遊深潭、妙趣無窮，沿途瀏覽玉女峰、小藏峰、虹橋板、架壑船棺、仙掌峰、仙釣台、響聲岩、小九曲、上下水龜、大王峰等奇景；讓人有「輕舟已過萬重山」的感覺。晚上我們去觀賞由張藝謀導演策劃完成的印象系列第五部秀《印象大紅袍》首創三百六十度旋轉觀眾席和矩陣式實景電影，一千九百八十八個觀眾席五分鐘內

即可完成一次三百六十度平穩旋轉。觀眾置身其中，武夷山著名的大王峰、玉女峰可一覽無遺，九曲溪潺潺的流水，大紅袍茶香繚繞，讓人心凝形釋，與自然山水融合。二百七十位當地演員七十分鐘的精彩表演，由「盛唐笙歌」、「竹林群舞」、「神話傳說」、「炒茶表演」、「竹筏漫遊」五個章節組成，把天、地、人、山、水、茶和諧共融的情景演繹得唯妙唯肖，令人嘆為觀止。

九曲溪乘坐竹筏　　　　　　　　九曲溪兩岸奇景

　　八月七日早餐後，我們搭車前往位於武夷山群峰南端的二曲溪的「一線天」，該處有一座巨大的岩石，宛若城廓，名甫靈岩，岩石傾斜而出，覆蓋著三個毗鄰的山洞，右邊是伏羲洞，中間為風洞，左為靈岩洞，其頂有裂隙一百餘丈，寬不及一公尺，探身伏羲洞中，仰觀崖頂裂隙，可見天光一線的奇景。我們一行人，沿著石階緩步而行，在狹窄不見天日的岩洞中，只聞到蝙蝠糞便的臭味，大家摸黑向前行，終於走到盡頭，走出洞口，讓人油然而生「柳暗花明又一村」，終於有重見天日的感覺。

一線天團照　　　　　　　　洞口團照

四　閱讀的饗宴，書香的洗禮

（一）以書會友

　　八月八日是二〇一三年世界華語學校圖書館館長論壇正式開幕的日子，參加此次圖書館盛會，與來自中國各地與香港、澳門的嘉賓齊聚一堂，可以說是「以圖書會友」。在餐會上，我們認識了福建省讀書援助協會副會長郭容輝先生、國際學校圖書館協會前主席詹姆士・亨利先生、福建省教育廳關工委主任張正和先生、香港領隊梁月霞老師、澳門領隊王國強教授等，大家相談甚歡，彼此交換心得，令我油然而生「海內存知己，天涯若比鄰」的感觸。在晚宴上，我們合唱高山青、外婆的澎湖灣、站在高崗上等組曲，贏得與會圖書館夥伴的滿堂彩。

晚宴與會嘉賓合影

臺灣與會圖書館夥伴在晚宴上合唱高山青、外婆的澎湖灣等組曲

（二）閱讀饗宴

　　世界華語學校圖書館論壇之三大宗旨是：努力把圖書館打造成中小學的「課程資源中心」、「校園文化中心」、「知識學習中心」，此種理念開啟了各級學校的閱讀視窗，課外閱讀是學生成功的起點。此次學校圖書館論壇，與會專家學者強調「閱讀是學習的基礎，分享是付出的開始，創新是改變的結果。」因此海峽兩岸四地的圖書館夥伴，提出各校推動閱讀的實務經驗、成果分享，讓大家知所取法。其中以常州市北教小學徐青校長的〈我們數位化生活〉的詳盡報告，讓閱讀生活化，閱讀成為與讀者對話的機制，使閱讀成為學生快樂的學習管道，讓我深切的感受到小學階段的閱讀教育紮下深厚的基礎，才能使中學的閱讀教育向上發展，茁壯成長。廣西南寧三中圖書館李家全館長的〈南寧三中圖書館為教育教學服務的實踐與嘗試〉的報告詳實中肯，並舉出該校圖書館的特色是：二大（館大、工作量大）、二多（學生讀者多、購書多）；圖書館成為學生心理障礙的「讀書理療」中心，圖書館成為學生學習勝地、夢想天堂。李家全館長的用心與付出，讓畢業的學生懂得買書捐書，回饋圖書館，這的確是難能可貴。

世界華語學校圖書館論壇會場團照

世界華語學校圖書館論壇會場團照

　　八月九日臺灣有五位代表投稿，四位代表發表四篇論文，陳宗鈺主任發表論文，主題是：〈從第五項修煉談班級讀書會經營策略〉、暨大附中圖書館涂進萬主任投稿論文，主題是：〈數字環境下的圖書館〉、金門大學海洋與邊境管理所李瑞生所長發表論文，主題是：〈圖書館與個人資料保護〉、臺北教育大學兼任教授謝淑熙所發表論文，主題是：〈閱讀教學與人文素養〉、秀峰高中圖書館范綺萍主任所發表論文，主題是：〈新北市秀峰高中圖書館執行教育部均質化計畫與新北市旗鑑計畫推動閱讀寫作經驗分享〉等五篇。陳宗鈺主任與范綺萍主任，講述內容有條不紊，加上穩健的台風，頗獲與會學者之重視與

好評。每位圖書館夥伴，均能在自己的工作崗位上，將各校經營圖書館的理念、班級讀書會的運作、推廣閱讀運動……等，寫成論文與大家分享。在知識管理理念的推動下，建構學校成為有創造力的學習型組織，在一連串的累積與傳遞、利用中，產生知識的創新，以增進學生學習的動機及增廣見聞。

陳主任論文報告

李所長論文報告

謝主任論文報告

范主任論文報告

五　結論

相遇是緣起、相知是緣會、相離是緣續

　　「行走萬里路，勝讀萬卷書」，遊覽了廈門、福州的名山勝景，飽覽了湖光山色，讓我們留下美麗的回憶。八天的世界華語學校圖書館論壇之旅，在八月十日晚上我們抵達臺北松山機場，即奏下休止符。我們一行十六人，由相遇、相知到相惜，四位成員在大會上發表論文，完成宣揚臺灣高中職圖書館各校經營理念、推動閱讀的任務；分享海峽兩岸四地中小學圖書館推動閱讀的實務經驗，使我們的心湖深處，有「圖書味彌久，知識滿行囊」的充實感。

　　最後要感謝臺灣學校圖書館館員學會理事長陳宗鈺主任，為此次世界華語學校圖書館論壇之行，排除萬難辛苦籌畫，使我們能夠親炙廈門、福州的一草一木。也要感謝所有參與此次活動的圖書館夥伴，您們的同行，讓八天之旅，增添歡樂與美好的回憶。但願將來高中職圖書館主任能夠繼續薪火相傳，讓世界華語學校圖書館論壇，永遠有臺灣圖書館夥伴的身影。

福州朱熹紀念館團照

第五屆世界華語學校圖書館論壇紀行*

一　前言

　　二〇一四年第五屆世界華語學校圖書館論壇，臺灣高中高職圖書館參訪團，由臺灣學校圖書館館員學會前理事長陳宗鈺主任擔任總領隊，暨大附中圖書館涂進萬主任、秀峰高中圖書館范綺萍主任、曾文農工圖書館徐澤佼主任、興國高中圖書館顏淑惠主任、嘉義高中圖書館謝漢星主任、羅東高工圖書館莊文杰主任、屏東高中吳靜婷主任、衛理女中王盈文主任、林園高中蔡美惠主任、聖功女中王之敏主任、路竹高中李麗桂主任、新化高中龔玉圓主任、新營高工謝忠槐主任、曙光女中曾詩蘋老師、曙光女中倪文君老師、臺北市立大學兼任教授謝淑熙等十七位成員，遠赴香港，參加一年一度的世界華語學校圖書館盛會。

二　有朋自遠方來，不亦樂乎

　　二〇一四年七月十六日下午四時三十分我們抵達香港機場，迎接我們的是耀眼迷人的燦爛陽光，我們搭乘機場捷運再轉乘巴士朝香港大學一路奔馳，眺望窗外，映入眼簾的是櫛比鱗次的高樓大廈及車水

---

* 本文刊載於2014年《高中職圖書館輔導團電子報》電子報128期。

馬龍的狹窄街道。到達目的地,仰望港大門口一路攀緣而上的石階,令人油然而生「欲窮千里目,更上一層樓」的感觸,對集人文科技與學術於一爐的知名學府香港大學又憑添更多探索的興味。

香港大學鳥瞰圖

　　七月十七日是第五屆世界華語學校圖書館論壇正式開幕的日子,今年世界華語學校圖書館論壇由香港圖書館協會、香港大學承辦,非常感謝葉錦蓮會長、梁月霞副會長、黃毅娟副會長、朱啟華博士與工作團隊盡心盡力認真負責,使此次大會能夠圓滿完成。這屆論壇有來自澳洲、馬來西亞、中國內地、臺灣、香港、澳門等地區二百五十位圖書館人員參與。參加世界性的圖書館盛會,與各國佳賓齊聚一堂,

可以說是「以圖書會友」。步入會場，很高興與師大教務長陳昭珍教授所率領的臺灣全國圖書教師輔導團會面；與會貴賓包括世界華語學校圖書館聯盟張正和秘書長、國際學校圖書館學會會長的 Dr. Diljit Singh（辛格博士）、Prof. James Henri（詹姆士・亨利先生, Professor and Chair Web Education Foundation）、香港學校圖書館主任協會榮譽顧問楊陳明英女士，以及大陸圖書館主任，舊雨新知互相點頭問好，稱得上是冠蓋雲集。大家相談甚歡，彼此交換心得，可以說得上是：「有朋自遠方來，不亦樂乎。」

臺灣學校圖書館館員學會會員與貴賓合影留念

香港圖書館協會會員與貴賓合影

三 知識的饗宴，書香的洗禮

（一）第五屆世界華語學校圖書館論壇

　　二〇一四年世界華語學校圖書館論壇之主題是：「學校圖書館在 M 世代的教育角色」（The Educational Role of School Libraries in the M Generation）」，此種理念開啟了各級學校圖書館的教育功能、圖書館電子學習資源的發展、圖書館與學科協作、愉快閱讀──培養學生終身學習的能力、學校圖書館與資訊素養（信息素養）、學校圖書館與閱讀素養、學校圖書館的人力資源、學校圖書館老師的專業發展、專業團體對學校圖書館發展的影響等目標。此次論壇投稿文章頗為踴躍，共有五十篇，因此採用五場平行講座同時進行方式，讓與會圖書館主任、老師，可以聆聽到不同議題的內容，不但可以增長見聞，更可以與同好切磋，稱得上是「以文會友、以友輔仁」。其中以香港大學專業進修學院兼職講師梁月霞老師所寫〈圖書館主任與科任老師的

協作教學〉與臺灣臺北市私立衛理女中圖書館王盈文主任所寫〈M 世代學校圖書館的教育角色：iPad 推廣與學科協作〉的詳盡報告，讓圖書課與各學科結合，在協作教學的實行下，為學生造就閱讀與學科結合的機會，以培養學生的資訊素養技能。此兩篇論文強調協作教學的重要，iPad 正在改寫老師的教學與學生的學習方法，值得大家觀摩學習。

梁月霞老師論文報告   **王盈文主任論文報告**

　　本屆世界華語學校圖書館論壇大會安排四場主題演講，其中現任國際學校圖書館學會會長的 Dr. Diljit Singh（辛格博士）演講主題是：〈M 世代是否需要學校圖書館？〉（Does the M Generation Need School Libraries?）；現任國立臺灣師範大學圖書資訊學研究所教授兼教務長陳昭珍博士演講主題是：〈臺灣小學「圖書教師」實際扮演的角色與工作內涵之探討)、香港大學朱啟華博士演講主題是：〈21世紀圖書館老師的新角色〉（New roles forschool Libraries in the 21st century）。三位學者均闡述 M 世代學校圖書館的重要功能，並詮釋二十一世紀圖書館老師在教學中所扮演的多元角色，是廣泛閱讀的統籌人、資訊專家、課程協作者、知識的管理者。聆聽專家的演講，勝讀十年書，深感獲益良多，在餘情迴盪中，源頭活水來，智慧花朵開。

陳昭珍博士主題演講　　　　　　朱啟華博士主題演講

　　七月十七日臺灣有六位代表發表論文，范綺萍主任報告主題是：
〈曼陀羅思考法在閱讀指導教學之應用〉；涂進萬主任報告主題是：
〈台灣高中高職圖書館發展與輔導〉；王之敏主任、徐澤佼主任、邱
家民主任報告主題是：〈異質多元愛閱行動交響3/4以誠品經典創意閱
讀〈臺南好兒女〉為例〉；王盈文主任報告主題是：〈M世代學校圖書
館的教育角色：iPad推廣與學科協作〉；謝淑熙教授報告主題是：〈愉
快閱讀以培養學生終身學習的能力——從落實經典閱讀教學談起〉等
五篇。每位圖書館夥伴，均能在自己的工作崗位上，將各校經營圖書
館的理念、班級讀書會的運作、推廣閱讀運動……等，寫成論文與大
家分享。在知識管理理念的推動下，建構學校成為有創造力的學習型
組織，在一連串的累積與傳遞、利用中，產生知識的創新，以增進學
生學習的動機及增廣見聞。

范綺萍主任報告

涂進萬主任報告

徐澤佼主任報告

王之敏主任報告

謝淑熙教授報告

中國內地、臺灣與會圖書館會員合影

香港圖書館協會會員與貴賓合影　　中國內地圖書館會員與貴賓合影

（二）參觀北角協同中學圖書館

　　七月十八日早上九時我們去參觀位於香港島北角雲景道的北角協同中學，現任校長為李志成先生。北角協同中學學校圖書館主任陳老師與大部分學科教師都有協作關係，並和教務組、輔導處及生命教育部等共同舉辦活動培養學生多方面的發展。陳老師除了致力推動學生閱讀及與各學科協作支援學生學習外，亦安排學生擔任圖書館管理員，讓學生從做中學。家長也認同此種做法，可以培養學生的閱讀習慣及服務社群的精神。李校長認為學校圖書館主任與教學應相輔相成，應該與學校的教學體系融合，而非只有留在圖書館處理館務。從圖書館主任陳老師為我們解說圖書館與學科教師協作的簡報中，我們對「北角協同中學」的命名有更深刻的印象。

　　北角協同中學有濃厚的閱讀文化，學校各學科也建立了系統化的協作關係。在推動學生閱讀方面，有賴校長及科任教師的支持，已有顯著的佳績。當然，要成功推動「從閱讀中學習」，學校圖書館主任與各學科教師均要密切協作，各學科都推動閱讀活動，讓學生得到更多閱讀的機會，拓展閱讀的領域與視野，豐富他們的知識與見聞，並

培養學生的閱讀興趣。此外,陳老師與各科組協辦各類型活動,從而
提高學生的德育水平。陳老師亦不斷自我充實,學習各種資訊技能,
把 Google Sites 引入學校並教導教師及學生使用,將資訊融入教學,
讓學生在做專題研習時更得心應手。參觀北角協同中學的圖書館,學
生製作的精美書籤與 L 檔案期刊,表現出學生發揮學以致用的功效,
令人激賞,讓我們深覺此行獲益良多。

國立臺灣師範大學教務長陳昭珍博士
致贈禮物給北角協同中學李志成校長

臺灣學校圖書館館員學會主任
合影於北角協同中學

北角協同中學圖書館

（三）參觀書展

　　由香港貿易發展局主辦的第二十五屆香港書展於七月十六至二十二日假香港會議展覽中心舉行，今年書展主題為「從香港閱讀世界──越讀越精彩」，共五百七十家來自三十一個國家及地區的參展商，於會上展示各類實體及電子書刊。展覽期間，大會籌辦超三百三十項文化活動，廣邀兩岸三地華文作家、英、美、法、日等國的作家，親臨香港書展開講，與書迷作近距離的接觸和交流，為廣大讀者打造一個趣味與內涵兼備的文化嘉年華。

　　七月十九日我們也躬逢其盛，隨著大擺長龍的人潮，依序朝著會場前進，大約等了一小時三十分鐘才走入會場。穿梭在書展會場中，人聲鼎沸，盛況空前。在童書區，看到許多家長帶著小朋友來看書，生龍活虎的展示品，如老夫子、樂高積木、立體童書、英語教材等，吸引大家的注意力，也激起童年的諸多回憶。接著我們去參觀書展場內舉行的各項文化活動，其中，由商務印書館（香港）有限公司及大眾控股有限公司全力支持的「書香人情　香港書業世紀回眸」展覽，吸引大批讀者參觀，走進仿古書店當中，緬懷昔日逛書店的好時光。而「年度作家──董啟章專區」、「港島文學漫步」及「中華文化漫步──福建行」都吸引不少參觀人士駐足欣賞。走訪香港書展，感受到濃厚的書香氣息，而絡繹不絕的人潮，也代表了香港人閱讀與悅讀的風氣，讓各地讀者共享這場文化盛宴，我們也深感不虛此行。

香港書展的盛況　　　　　　　香港書展童書展示區

四　異國的勝景，溫馨的友情

　　七月十八日晚上主辦單位招待與會貴賓、圖書館老師豐盛的晚宴，感謝香港教育局、香港陳一心家族基金會等贊助，讓大家品嚐到烤乳豬、石斑魚、蓮蓉包等美味，令人齒頰留香。感謝香港學校圖書館主任協會的細心安排，讓各地與會的圖書館老師們，分坐在各桌，彼此交換心得、分享各校辦學的經驗與理念，更能增長見聞，大家相談甚歡，令我油然而生「海內存知己，天涯若比鄰」的感觸。在餐會上，很榮幸能夠認識健行杏社的主席徐業成、麥潔慈夫婦，他們秉持《易經》中的「天行健，君子以自強不息」的精神，自一九九九年起為中國貧困農村提供教育機會，促進及改善中國農村的教育服務，此種大愛的精神，令人敬佩。在晚宴上，臺灣圖書館學會老師們的臺灣民謠組曲綜藝表演，為大會增添歡樂的氣氛，贏得與會圖書館佳賓的喝采，使賓主盡歡。

臺灣圖書館學會老師們在晚宴上表演臺灣民謠組曲

臺灣圖書館會員贈送葉錦蓮會長筆墨　臺灣圖書館會員贈送朱啟華博士筆墨

徐業成、麥潔慈夫婦與圖書館老師寒暄　Prof. James Henri與圖書館老師寒暄

　　七月十七日晚上，我們一行臺灣圖書館夥伴，登臨被譽為世界四大夜景之一的太平山頂，映入眼簾的是高樓林立、霓虹閃爍、星火璀璨，令人歎為觀止。雖然當天夜晚，香港受到颱風過境的影響，陣陣斜風細雨迎面而來，但是我們的遊興不減，此時此刻俯瞰維多利亞港和九龍半島海景，卻有「山色空濛雨亦奇」的美感。因為當日遊客太多，所以我們未搭乘纜車，而是瀏覽附近的百貨公司及餐飲店品嚐道地的香港美食。七月十九日看完書展，我們搭乘地鐵，去參觀位於香港九龍尖沙咀海旁的星光大道，整個長廊均以灰白色為主題顏色。走在步道上，海風輕拂，視野遼闊，可以欣賞維多利亞港的風景。因為時間的倉促，雖然我們無法暢遊香港的所有景觀，但在腦海深處，對穿梭在高聳林立的大廈與狹窄車道間的雙層巴士與電車，仍井然有序的一路奔馳，留下深刻的印象，對香港人守秩序的精神，更加讚佩。

星光大道（香港電影金像獎巨型銅像）　　　香港鳥瞰圖

五　結論

　　五天的世界華語學校圖書館論壇之旅，在七月二十日上我們抵達桃園中正機場，即奏下休止符。我們一行十七人，由相遇、相知到相惜，六位成員在大會上發表論文，完成宣揚臺灣高中職圖書館各校經

營理念、推動閱讀教育的任務;分享海峽兩岸四地中小學圖書館推動閱讀的實務經驗,使我門的心湖深處有「圖書味彌久,知識滿行囊」的充實感。

最後要感謝臺灣學校圖書館館員學會前任理事長陳宗鈺主任、秘書長范綺萍主任,為此次世界華語學校圖書館論壇之行辛苦籌畫,使我們能夠親炙香港大學的一草一木。也要感謝所有參與此次活動的圖書館夥伴,您們的同行,讓五天之旅,增添歡樂與美好的回憶。但願將來高中職圖書館主任能夠繼續薪火相傳,讓世界華語學校圖書館論壇,永遠有臺灣圖書館夥伴的身影。

臺灣學校圖書館館員學會會員與貴賓合影

第六屆世界華語學校圖書館論壇紀行*

一 前言

　　二〇一五年第六屆世界華語學校圖書館論壇，臺灣高中高職圖書館參訪團，由臺灣師範大學教務長陳昭珍教授擔任總領隊、輔導團總召國立臺南女中圖書館劉文明主任、TTLA 副理事長國立基隆女中陳宗鈺老師、TTLA 秘書長市立秀峰高中圖書館范綺萍主任、TTLA 理事長國立曾文農工圖書館徐澤佼主任、興國高中圖書館顏淑恵主任、嘉義高中圖書館謝漢星主任、羅東高工圖書館莊文杰主任、市立北大附中圖書館李凱茜主任、新北市私立聖心女中圖書館李秋雯主任、南投高商趙淑婉老師、私立曙光女中曾詩蘋圖書教師、私立聖功女中圖書館王之敏主任、新北市丹鳳高中圖書館宋怡慧主任、國立苗栗高中黃琇苓老師、市立北大附中圖書館志工顏韻芳女士、市立北大附中圖書館志工沈雅韻女士、國立臺南大學教育學系陳海泓主任、國立臺中教育大學社會發展學系賴苑玲教授、臺北市立大學謝淑熙助理教授、新北市義方國小施裕明校長、新北市義方國小宋永哲主任、新北市義方國小邱怡雯圖書教師、新北市義方國小葉雅汾老師，加上三位隨行的眷屬共二十八位成員，再加上師大圖資所學員共四十七位，臺灣團聲勢浩大，遠赴澳門，參加一年一度的世界華語學校圖書館盛會。

---

* 本文刊載於2015年9月《高中職圖書館輔導團電子報》電子報139-140期。

二　相見歡

　　二〇一五年七月十九日中午我們抵達澳門機場，我們搭乘主辦單位澳門大學所安排的遊覽車，依傍著澳門灣一路奔馳，眺望窗外，映入眼簾的是櫛比鱗次的高樓大廈及金碧輝煌的大樓屋頂，迎接我們的是耀眼迷人的燦爛陽光。到達下榻的旅館澳門旅遊學院望廈賓館，是一個頗富歷史盛名的優雅酒店。

臺灣學校圖書館館員學會會員在迎賓館內合影留念

　　迎賓館（Pousada）是一個葡文詞彙，意思是「一個神聖的休息地方」，位於望廈山山腰，山頂為著名的十九世紀式炮臺堡壘，沿山綠蔭環抱及四周明媚的風光。走入賓館內可以欣賞著美麗的瓷磚（葡國手繪製瓦片），在蜿蜒的小路隨意漫步，欣賞茂盛的花草園及色彩繽紛的植物。住宿在蘊涵古典風味與環境清幽的旅館，帶給我們美好又難忘的回憶。

　　七月二十日是第六屆世界華語學校圖書館論壇正式開幕的日子，今年世界華語學校圖書館論壇由澳門圖書館暨資訊管理協會、澳門大

學圖書館承辦，非常感謝王國強理事長長、周副理事長、葉家媛部長、劉凱欣小姐與工作團隊盡心盡力認真負責，使此次大會能夠圓滿完成。這屆論壇有來自澳門、香港、中國、臺灣、馬來西亞、日本等地區的圖書館人員參與。參加世界性的圖書館盛會，與各國嘉賓齊聚一堂，可以說是「以圖書會友」。步入會場，很高興與貴賓會面，與會貴賓包括澳門大學教育學院 PISA 研究中心張國祥教授、國際學校圖書館學會會長的 Dr. Diljit Singh（辛格博士）、澳門培正中學圖書館劉慧敏主任、香港中文大學圖書館馬洪輝館長、香港學校圖書館主任協會梁月霞副會長、黃毅娟副會長，以及大陸圖書館主任，舊雨新知互相點頭問好，稱得上是冠蓋雲集。大家相談甚歡，彼此交換心得，可以說得上是：「有朋自遠方來，不亦樂乎。」

澳門大學伍宜孫圖書館翦影

與會各國嘉賓開啟光明書燈

澳門大學校園翦影　　　　　　澳門大學伍宜孫圖書館一隅

　　我們很榮幸能在澳門大學新圖書館舉行會議，澳門大學於二〇一四年八月遷入位於廣東省橫琴島，一個面積比舊校園約大二十倍，佔地約一點零九平方公里，可容納至少一萬五千名學生的新校區。澳門大學伍宜孫圖書館建築面積三萬二千平方米，可容納達一百萬冊紙本藏書。圖書館中庭設計採用自然採光，二樓設有空中花園，為讀者營造舒適的閱讀環境。圖書館中央矗立一色彩繽紛的支柱，代表圖書館的多元文化。五樓的圓形空中展廳，與方型的中庭相映，展示中國傳統「天圓地方」的世界觀。美中不足的是因為二天（7月20至21日）論壇會議的議程緊湊，益之以天下雨的關係，無法暢遊澳門大學美麗的校園與參觀圖書館宏偉的建築，期待下回的重遊澳門大學。

三　知識的饗宴，書香的洗禮

（一）第六屆世界華語學校圖書館論壇

　　二〇一五年世界華語學校圖書館論壇的主題是：「學校圖書館如何協助自主學習」、「學校圖書館和教學的結合」、「學校圖書館與探究

式教學」以及「PISA 教學與閱讀」等四個面向，強調各級學校圖書館的教育功能，在於落實圖書館與學科協作、探究式教學提升學生的資訊素養、PISA 教學培養學生閱讀素養等目標。大會安排專家學者主題演講，包括國際學校圖書館學會會長的 Dr. Diljit Singh（辛格博士）演講主題是：〈時代變遷，學校圖書館需要改變〉（Changing Times, Changing School Libraries）、國立臺灣師範大學圖書資訊學研究所教授兼教務長陳昭珍博士演講主題是：〈適合國小學童閱讀之中文科普圖書暨分級推薦研究〉、臺灣公共資訊圖書館劉采瓊副館長演講主題是：〈國立公共資訊圖書電子資源利用與中小學圖書館之合作〉、山西太原理工大學圖書館副研究員原曉冬先生演講主題是：〈如何發揮 Koha 在自主學習過程中的助讀作用〉、澳門培正中學圖書館劉慧敏主任演講主題是：〈學校圖書館推動閱讀活動之經驗淺談〉、香港中文大學圖書館馬洪輝館長演講主題是：〈重拾文學閱讀的初衷——淺析「香港文學深度體驗」計畫的實踐〉等議題。

　　專家學者均闡述 M 世代學校圖書館的重要功能，世界在變化，學校圖書館也必須變化，我們可以攜手為兒童創造美好未來。提升民眾的科學素養是現代化國家的重要工作，因此推薦兒童閱讀適當的科普讀物，更能引起學童探索科學的好奇心。公共圖書館應結合中小學人力與各方資源，建構數位閱讀發展的有利環境，如、教學資料庫、中文電子書等，供各級學校圖書館連結使用。如何發揮 Koha 整合型圖書館資訊系統，有效的結合可用的網路資源，使其成為中小學生閱讀的輔助平臺。「香港文學深度體驗」計畫嘗試從「文學散步」理念出發，強調讓學生親身到臨文學現場，體會作家心思，進一步感受作品精神。總而言之，學校圖書館最終的目的，是希望讀者能養成終身學習的良好習慣。聆聽專家的演講，勝讀十年書，深感獲益良多，在餘情迴盪中，源頭活水來，智慧花朵開。

七月二十至二十一日臺灣共有九位圖書館夥伴發表論文，包括：范綺萍主任報告主題是：〈資訊素養教學模式（BIG6）融入高中職小論文課程分享〉、劉文明主任報告主題是：〈2014年臺灣高級中等學校圖書館發展與輔導工作及展望〉、陳海泓教授報告主題是：〈教師和圖書教師對協作觀點的探討〉、賴苑玲教授報告主題是：〈臺中市國民中小學圖書教師與學科教師協作教學之案例研究〉、曾詩蘋老師報告主題是：〈曙光女中圖書館主題閱讀講座在翻轉閱讀教學的應用與內涵〉、黃琇苓老師報告主題是：〈「誠品 X 苗栗：苗栗山海經」——創意閱讀融入圖書館主題探究教學〉、李凱茜主任報告主題是：〈閱讀藝起來〉、宋怡慧主任報告主題是：〈圖書館的安靜革命：我如何翻轉8000個孩子的閱讀信仰〉、謝淑熙教授報告主題是：〈學校圖書館與探究式教學——以經典閱讀教學為例〉等九篇。每位圖書館夥伴，均在自己的工作崗位上，將各校經營圖書館的理念、班級讀書會的運作、推廣閱讀運動……等議題，寫成論文與大家分享，讓與會圖書館夥伴，可以聆聽到不同議題的內容，不但可以增長見聞，更可以與同好切磋，讓大家獲益良多。

圖書館館員學會會員與貴賓合影留念

臺灣學校圖書館館員學會會員於伍宜孫圖書館正門合影留念

（二）參觀澳門培正中學圖書館

　　七月二十一日早上我們去參觀澳門頗負聲名的傳統名校培正中學圖書館，現任校長高錦輝博士。培正中學包括幼稚園、小學及中學部，全校學生人數超過三千二百人。該校是一所文法中學，在堅持以母語教學的同時，重視加強英文科的教學。課程的設置參照外地課程，結合澳門的實際情況及該校學生的升學路向，同時加強課外輔導，以確保學生的程度。畢業生以升學為主，每年有百分之九十五以上考進國內外及澳門等地的大專院校深造。培正秉承「至善至正」的校訓，堅持「德智體群美靈，六育均衡發展」的教育目標，積極貫徹「提高教學質量，改善學習環境，保持嚴謹校風」的辦學方針。從高錦輝校長為我們解說培正中學辦學理念的簡報中，我們對「培正中學」的命名有更深入的瞭解。

　　該校圖書館劉慧敏主任為我們解說圖書館的各項設施與閱讀活動，培正中學有濃厚的閱讀文化，為配合教學需求，該校有重點地添

置各種教學設施。目前除物理、化學、生物實驗室、多媒體室、綜合
演示室等特別教室外，高校長並親自引領我們去參觀歷史室，踏進陳
設古色古香的花瓶器物、字畫、玉石、兵馬俑、古代玉女服飾、仿製
翠玉白菜等古文物，令人歎為觀止，更欣羨該校的師生擁有如此豐富
且多元的學習資源，以提高學生的學習興趣，深化教學效果。學生學
以致用，有優異卓越的表現，令人激賞，讓我們留下美好且深刻的
印象。

培正中學圖書館

臺灣學校圖書館學會會員與培正
中學高校長、劉主任合影

培正中學圖書館

培正中學歷史室

（三）參觀中央圖書館及教育暨青年局氹仔教育活動中心

七月二十一日早上我們的第二個參訪行程是位於中央公園旁邊的澳門中央圖書館氹仔分館。提到「氹」字，先來《說文解字》，澳門本地的「氹」為異體字，古作「凼」、「窞」有三個義涵：1.壕溝、2.水池、3.水路。氹仔原為一個獨立島嶼，現已和路環及路氹城連成一體。位於橫琴島的澳門大學新校區根據法律劃分為氹仔的一部分。「氹」這個字，漢語拼音是「Dang4」正確的注音是「ㄉㄤˋ」，但是「注音輸入法」要用「ㄍㄢ」唸作ㄉㄢˋ，因此當地人都唸「ㄉㄢˋㄗㄞˇ」。

氹仔圖書館座落於氹仔成都街中央公園，於二〇一五年四月十五日起以試運行形式對外開放。面積二千二百平方米，是目前可供讀者使用空間最大的公共圖書館。館內採用大量的透光玻璃門窗作為分隔設計，大大增加了館內的自然採光度，該館設置了四個主要區域，包括一般閱覽區、兒童圖書館、報刊閱覽區及多媒體視聽室，還設置兒童劇場、戶外花園、多功能室、育嬰室及設於公園層的自助還書服務站等。穿過綠蔭扶疏的公園，步行進入氹仔圖書館，在圖書館一隅展書讀，可以享受到「讀書之樂樂無窮，綠滿窗前草不除」的美感。

教育暨青年局是一個領導和管理澳門義務教育以及青少年相關問題的澳門特別行政區政府部門，為推動社區教育、家長教育、語言學習，關注重視青少年德育成長，並附設有圖書館供市民使用。走訪澳門中央圖書館氹仔分館與教育暨青年局附設圖書館，感受到濃厚的書香氣息，尤其是親子圖書館的設立，也代表了澳門教育當局重視兒童閱讀的扎根基礎，在良好的閱讀環境中，樹立了書香社會，我們也深感不虛此行。

氹仔圖書館　　　　　　　　　氹仔兒童圖書館

四　異國的勝景，溫馨的友情

（一）豐盛的晚宴，賓主盡歡

　　七月二十日的歡迎晚宴與二十一日的閉幕晚宴，感謝主辦單位澳門大學的團隊，為此次論壇盡心盡力。招待與會貴賓、圖書館老師豐盛的晚宴，讓大家品嚐到澳門的精緻美食，令人齒頰留香。在餐會上，彼此分享各校辦學的經驗與理念，更能增長見聞，大家相談甚歡，令我油然而生「海內存知己，天涯若比鄰」的感觸。在晚宴上，主辦單位精心安排的餘興節目，澳門的圖書館夥伴、香港的圖書館夥伴均上場演唱各地的歌謠。壓軸好戲是臺灣圖書館學會老師們為響應臺灣今年「民歌40年」的活動，在師範大學教務長陳昭珍教授與徐澤佼主任的引領下，合唱的民歌精選組曲，為大會增添歡樂的氣氛，贏得與會圖書館嘉賓的喝采，使賓主盡歡。二十一日的閉幕晚宴，是採用自助餐美食 buffet 的方式，讓與會貴賓、圖書館老師盡情的享用澳門集合各種文化的美食，如牛肉腸粉、葡式蛋塔、揚州炒飯等美味，都是令人回味不已的美食。

豐盛的歡迎晚宴

臺灣圖書館學會理事長贈送王國強會長禮物

臺灣圖書館會員與日本貴賓合影

臺灣圖書館學會老師們在晚宴上表演民歌精選組曲

（二）澳門歷史城區巡禮，令人發思古幽情

　　七月二十二日早上，澳門大學王理事長特別安排劉凱欣小姐擔任此次澳門歷史文化之旅的嚮導，帶領我們去澳門歷史城區巡禮。「澳門歷史城區」是今年中國申報的唯一的世界遺產項目，七月十五日是澳門申遺成功十周年紀念的日子。這個城區以澳門舊城區為核心，通過相鄰的廣場和街道連為一體，包括二十多個古建築：媽閣廟、港務局大樓、聖若瑟修院及聖堂、民政總署大樓、三街會館（關帝廟）、玫瑰堂、大三巴牌坊、哪吒廟、舊城牆遺址、大炮臺等，是中國境內現存年代最遠、規模最大、保存最完整和最集中的中西建築互相輝映的歷史城區。走訪這些歷史城區，不論是品味百年的中國老廟，或葡萄牙式的浪漫建築，反映中西文化交融的人文景觀風貌，加上凱欣小姐如數家珍，鉅細靡遺的解說，令人油然而生思古的幽情。

　　其中記憶猶新的是民政總署大樓附設圖書館與大三巴牌坊兩個歷史城區。民政總署大樓二樓是圖書館以葡萄牙瑪弗拉修道院圖書館為藍圖所建造。館藏價值豐富，專門收藏十七世紀至二十世紀五〇年代的外文古籍，特別是葡萄牙在非洲及遠東的歷史文獻，是歷史最悠久的葡式圖書館。「大三巴牌坊」是聖保祿教堂正面前壁的遺址，聖保祿教堂於一六〇二年開始修建，現在牌坊左側還存有當時的奠基石。一八三五年一場大火燒毀了聖保祿學院及其附屬的教堂，僅剩下教堂的正面前壁、大部分地基以及教堂前的石階。自此之後，這裡便成為世界聞名的聖保祿教堂遺址。澳門本地人因教堂前壁形似中國傳統牌坊，將之稱為大三巴牌坊。大三巴牌坊的建築由花崗石建成，整個牆壁是巴洛克式，但一些設計或雕刻，卻具有明顯的東方色彩。由於澳門政府對中西社區傳統建築與中西宗教文化的重視與維護，使「澳門歷史城區」展現多元共存的普世價值。受限於時間因素，雖然我們以

走馬看花的方式，巡禮澳門歷史城區的重要景點，但在腦海深處，卻留下深刻的印象，深感收穫滿行囊。

大三巴牌坊

大三巴街景

民政總署大樓

民政總署大樓

第六屆世界華語學校圖書館澳門論壇四天美好的時光，在七月二十二日下午參訪完澳門歷史城區，即奏下完美的休止符。衷心的感謝

王理事長所領導的澳門團隊,認真負責安排此次論壇的各項活動,熱忱的服務態度,讓大家倍感溫馨。每一位臺灣夥伴都由衷的向他們致上誠摯的謝意與敬意。七月二十二日傍晚六時五十分,十六位臺灣學校圖書館夥伴,由澳門搭機前往廣西南寧,飛機翱翔在藍天白雲之間,我們期待下一個參訪之旅。

五　南寧山水,詩情畫意

七月二十二日傍晚六時四十分我們抵達廣西南寧市,南寧市是廣西壯族自治區的政治、經濟、文化和科技中心,以及北部灣經濟區核心城市。眺望窗外街道兩邊綠意盎然,美麗的扶桑花迎風招展,好像在歡迎我們展開山水之旅的序幕。

(一)閱讀山水美景

七月二十三日早上,我們造訪了廣西西南的邊防要地憑祥市的「友誼關」,又名鎮南關是中國九大名關之一,兩邊高山盡立,形勢險峻,是中越邊境上最大、最重要的關防。它是一座城樓式建築,樓高二十二米,底層是厚實的城牆,中央為圓拱頂的城門,非常雄偉。鑲在拱門上的「友誼關」三個大字,是陳毅元帥親筆題書的。一八八五年,清軍名將馮子材率軍在此痛擊法國侵略者,取得舉世聞名的鎮南關大捷,如今這裏還留有中法戰爭古戰場。事過境遷,當我們登臨「友誼關」遙望中越邊境的景色,深切感悟到為彰顯中越兩國人民的深厚情誼,關名改為「友誼關」的用心良苦。

當天下午我們搭船遊覽明江,觀賞花山壁畫,沿途兩岸的風景是層巒疊嶂、叢林修竹,碧波蕩漾,令人目不暇給,有「橫看成嶺側成峰,遠近高低各不同」的美感,猶如置身於一幅長卷的山水畫軸裏;

沿途壁畫六十餘處，最大的以『花山崖壁畫』為代表，「花山」壯族語稱為巴萊，意旨畫的花花綠綠的山而得名，金字塔型花山崖壁，直、峻、峭，整幅壁畫高四十四公尺，寬一百七十公尺，共有人、獸、日、月、弓、箭、銅鼓等圖像一千八百多個，形象鮮明、線條粗獷、風格古樸，作畫時期約為距今二千四百年前壯族人所為，也因此充滿神秘色彩。誠如導覽小姐所說：「三分形象，七分想像。」壁畫的意涵為何？因何而畫：水漲船高、為何而畫：居高臨下，這一切留給大家無限的想像空間。

友誼關

中越邊境

明江沿岸美景

明江沿岸美景

明江觀花山壁畫　　　　　　　　明江觀花山壁畫

　　七月二十四日早上，我們搭乘竹筏遊覽明仕田園百里山水畫廊，竹筏緩緩在迂迴曲折的明仕河漂流，河的兩岸景色，時而群峰競秀，時而翠竹掩映，遠眺四周群峰矗立，蒼茫林海，令人有「一峰突起眾峰環」、「柳暗花明又一村」如詩如畫的美感，山清水秀素有賽桂林之稱。竹筏前行途中，岸邊輕脆悅耳的歌聲與笛聲縈繞耳際，真是賞心悅耳。尤其是明仕橋一帶翠竹繞岸、田野農舍、獨木橋橫，寧靜清幽的田園風光，恍如不染塵污的人間仙境，令人流連忘返。當天下午，我們遊覽的景點是通靈大峽谷，景區全長十多公里，整個景區由通靈峽、念八峽、古勞峽、新橋峽等峽谷組成，各峽之間有巨大的地下河相通，目前僅開放的主要景區通靈峽內薈萃了造型獨特的奇峰、落差特高的瀑布、曲折幽深的岩洞、古老的原始植物等自然及人文景觀。我們坐在竹筏上縱觀淩空高懸的瀑布，宛如千軍萬馬奔騰而下，氣勢磅礡猶如雷鳴轟隆，震天價響，萬壑爭流，漫天白霧瀰漫整個江面，這神秘的大峽谷，及周遭絕妙的奇異景觀，令人賞心悅目，真有「此景只應天上有，落入人間為仙境」的神奇和壯美。

明仕田園百里山水畫廊美景　　　明仕田園百里山水畫廊美景

通靈大峽谷美景　　　　　通靈大峽谷團照

　　七月二十五日早上，我們遊覽的景點是跨越中國、越南兩國，被中國國家地理雜誌評選為中國最美的德天瀑布，寬兩百多米、落差七十米、縱深六十米，三級跌落，四季可見由不同水量展現的特異風情。清澈的歸春河是左江的支流，也是中越邊境的國界河，德天瀑布則是它流經浦湯島時的傑作，遠眺浩浩蕩蕩的歸春河水，從山崖上跌宕而下，水花四濺，濤聲隆隆，氣勢非凡，令人有李白《望廬山瀑布》詩句：「飛流直下三千尺，疑是銀河落九天」的美感。當天下午，我們參觀的景點是位於大新縣那嶺鄉，離大新縣城十八公里，屬喀斯特地貌自然溶洞，是國家級景點的「龍宮仙境」。龍宮仙境是一

個鐘乳石正在不斷生長發育著的溶洞，由隧道、前廳、金龍迎賓廳、龍宮寶藏廳、龍宮仙境廳、龍母后宮和仙人遺址等七部分組成。展示了精美絕倫、氣勢磅礡的中國天然龍文化。進入境內猶如跨入一座「瓊樓玉宇，高處不勝寒」的神宮寶殿，巧奪天工的傑作，令人嘆為觀止，並深感不虛此行。

德天瀑布團照

德天瀑布

龍宮仙境　　　　　　　　廣西南寧村莊美景

　　閱讀不僅是紙本圖書的閱讀，其涵蘊是廣泛的。我們此行以尋幽
探勝的心情去探訪大自然的美景，飽覽了廣西南寧的山水勝景，讓我
們更深切感受張潮在《幽夢影》一書中所說：「文章是案頭山水，山
水是地上文章」的意涵。

（二）參訪廣西大學圖書與廣西壯族自治區圖書館

　　七月二十六日早上，我們去參訪廣西大學圖書館，新圖書館於二
○○三年正式啟用。圖書館建築面積達32338平方米，閱覽座位3634
個，館內設有六百餘臺電腦（或終端）與校園網、教科網和互聯網聯
接，實現了圖書館自動化管理系統與院系資料室業務管理系統的無縫
連結。現有館藏文獻總量730萬冊（含學院資料室），其中紙本圖書
355萬冊，電子圖書372萬冊，全文電子期刊3.5萬種，形成了涵蓋
哲、經、法、文、理、工、農、管、教等九大學科門類相結合的多科

性、多層次、多載體且特色明顯,能有效支撐學科建設和人才培養的
藏書體系。經由廣西大學圖書館徐尚進館長的詳細導覽與解說,以
「閱讀悅動我心」的理念,推動「你閱讀,圖書館買單」、「在書海中
奔跑」等活動,讓廣西大學學生能夠「揚帆啟航,圓夢西大」。讓我
們更深入的瞭解廣西大學圖書館正以先進的服務理念和優質的服務品
質,使圖書館成為學校高品質的文獻資訊服務中心、高水準的資訊諮
詢中心和資訊共用中心,嘉惠全校師生。

廣西大學圖書館

臺灣學校圖書館館員學會會員與廣西大學圖書館徐館長、組長合影留念

　　七月二十六日下午，我們去參訪廣西壯族自治區圖書館，是中國省級公共圖書館，位置在南寧市。全館藏書共328萬冊，包括漢、壯及英、法、德、日、俄、越等近二十個文種。對廣西地方文獻的收集近九萬種，以廣西各縣縣誌較為完備。一九八五年新館落成開放，其中閱覽大樓一萬平方米，有閱覽座位一千餘個，館內設有中文文學圖書、中文社會科學圖書、中文自然科學圖書、外文圖書等八個外借處，除讀者自修室外各種專家閱覽室近二十餘個，平均每天接待讀者一千五百人次。除書刊的內閱外借外，該館還為讀者開展聲像資料服務和書刊資料複製服務，設有視聽室，配有中型投影銀幕、二十二英寸彩色電視機八臺，可進行電視、電化教學、電影、閱讀資料的錄製、轉錄服務。經由該館主任的導覽與解說，強調「圖書是精神的巢穴，生命的禪床」，讓我們佩服此座圖書館為南寧市民帶來便捷的資訊科技與知識的源頭活水，提升書香社會的功能。

廣西壯族自治區圖書館主任贈送禮物臺灣師範大學教務長陳昭珍博士代表接受

廣西壯族自治區圖書館

六 結論

　　四天的第六屆澳門大學世界華語學校圖書館論壇之旅，及四天的廣西南寧山水之旅，在七月二十七日凌晨十二時三十分我們抵達桃園中正機場，即奏下圓滿的休止符。臺灣學校圖書館館員學會夥伴們，由相遇、相知到相惜，九位成員在大會上發表論文，完成宣揚臺灣高中職圖書館各校經營理念、推動閱讀教育的任務；分享海峽兩岸四地中小學圖書館推動閱讀的實務經驗，使我們的心湖深處有「閱讀書香味彌久，知識活水滿行囊」的充實感。

　　最後要感謝臺灣師範大學教務長陳昭珍教授率領我們參加第六屆澳門大學世界華語學校圖書館論壇，更要感謝秘書長范綺萍主任，為此次世界華語學校圖書館論壇之行辛苦籌畫，盡心盡力，使我們能夠親炙澳門大學的一草一木，並能飽覽廣西南寧山光水色之美。也要感謝理事長徐澤佼主任策劃晚會的民歌演唱、副理事長陳宗鈺主任協助籌畫澳門圖書館論壇諸多事宜、感謝劉文明主任、謝漢星主任、莊文杰主任用相機捕捉美麗的畫面讓大家分享，以及所有參與此次活動的圖書館夥伴，您們的同行，讓八天之旅，增添歡樂與美好的回憶。但願將來高中職圖書館主任能夠繼續薪火相傳，讓世界華語學校圖書館論壇，永遠有臺灣圖書館夥伴的身影。

附錄

（一）期刊論文

序號	篇名	日期	期刊刊名	頁數
1	閱讀教學與人文素養——以《論語》為例	101年3月	臺北市立教育大學《國教新知》	44-48
2	推動閱讀教育，以提昇人文素養	102年8月	《商業職業教育》季刊	19-26
3	「多元智能」運用於《中華文化基本教材》之教學——以《論語》教學為例	103年6月	《國文天地》	17-22
4	推動創意教學培養學生良好的學習態度	103年5月	《商業職業教育》季刊	13-19
5	從《荀子·勸學篇》談終身學習的理念	103年5月	《商業職業教育》季刊	57-62
6	閱讀與觀課	103年9月	《國文天地》	38-44

（二）研討會論文

序號	論文	日期	研討會名稱
1	閱讀教學與人文素養	102年8月9日	第四屆世界華語學校圖書館論壇（福建）
2	愉快閱讀以培養學生終身學習的能力——從落實經典閱讀教學談起	103年7月17日	第五屆世界華語學校圖書館論壇（香港大學）
3	學校圖書館與探究式教學——以經典閱讀教學為例	104年7月19日	第六屆世界華語學校圖書館論壇（澳門大學）

（三）參訪紀行

序號	論文	日期	研討會名稱
1	無限江山萬里情──第四屆世界華語學校圖書館論壇記行	102年8月9日	第四屆世界華語學校圖書館論壇（福建）
2	第五屆世界華語學校圖書館論壇記行	103年7月17日	第五屆世界華語學校圖書館論壇（香港大學）
3	第六屆世界華語學校圖書館論壇紀行	104年7月19日	第六屆世界華語學校圖書館論壇（澳門大學）

語文教學叢書 1100016

研閱以窮照——閱讀教學的新意義

作　　者	謝淑熙
責任編輯	吳家嘉
特約校稿	林秋芬
發 行 人	陳滿銘
總 經 理	梁錦興
總 編 輯	陳滿銘
副總編輯	張晏瑞
編 輯 所	萬卷樓圖書股份有限公司
排　　版	林曉敏
印　　刷	百通科技股份有限公司
封面設計	菩薩蠻數位文化有限公司

發　　行　萬卷樓圖書股份有限公司
　　臺北市羅斯福路二段 41 號 6 樓之 3
　　電話　(02)23216565
　　傳真　(02)23218698
　　電郵　SERVICE@WANJUAN.COM.TW
大陸經銷　廈門外圖臺灣書店有限公司
　　電郵　JKB188@188.COM
香港經銷　香港聯合書刊物流有限公司
　　電話　(852)21502100
　　傳真　(852)23560735

ISBN 978-986-478-058-7

2017 年 2 月初版
定價：新臺幣 400 元

如何購買本書：

1. 劃撥購書，請透過以下郵政劃撥帳號：
　　帳號：15624015
　　戶名：萬卷樓圖書股份有限公司
2. 轉帳購書，請透過以下帳戶
　　合作金庫銀行　古亭分行
　　戶名：萬卷樓圖書股份有限公司
　　帳號：0877717092596
3. 網路購書，請透過萬卷樓網站
　　網址　WWW.WANJUAN.COM.TW

大量購書，請直接聯繫我們，將有專人為
您服務。客服：(02)23216565 分機 10

如有缺頁、破損或裝訂錯誤，請寄回更換

國家圖書館出版品預行編目資料

研閱以窮照 ：閱讀教學的新意義 / 謝淑熙著.
-- 初版. -- 臺北市 ：萬卷樓, 2017.02
　面 ；　公分. -- (語文教學叢書)
ISBN 978-986-478-058-7(平裝)

1.漢語教學　2.閱讀指導　3.中等教育

524.31　　　　　　　　　　　105025405